DIE MAUER DER SABÄERHAUPTSTADT MARYAB

ABESSINIEN ALS SABÄISCHE STAATSKOLONIE IM 6. JH. V. CHR.

von

HERMANN VON WISSMANN

NEDERLANDS HISTORISCH-ARCHAEOLOGISCH INSTITUUT
TE İSTANBUL
1976

UITGAVEN VAN HET
NEDERLANDS HISTORISCH-ARCHAEOLOGISCH INSTITUUT
TE İSTANBUL-LEIDEN

Publications de l'Institut historique et archéologique de Stamboul

sous la direction de
E. VAN DONZEL, Pauline H. E. DONCEEL-VOÛTE,
A. A. KAMPMAN et Machteld J. MELLINK

XXXVIII

1.

DIE MAUER DER SABÄERHAUPTSTADT MARYAB

2.

ABESSINIEN ALS SABÄISCHE STAATSKOLONIE IM 6. JH. V.CHR.

DIE MAUER DER SABÄERHAUPTSTADT MARYAB

ABESSINIEN ALS SABÄISCHE STAATSKOLONIE IM 6. JH. V. CHR.

von

HERMANN VON WISSMANN

NEDERLANDS HISTORISCH-ARCHAEOLOGISCH INSTITUUT
TE İSTANBUL
1976

I.S.B.N. 90 6258 038 6

Printed in Belgium

INHALTSVERZEICHNIS

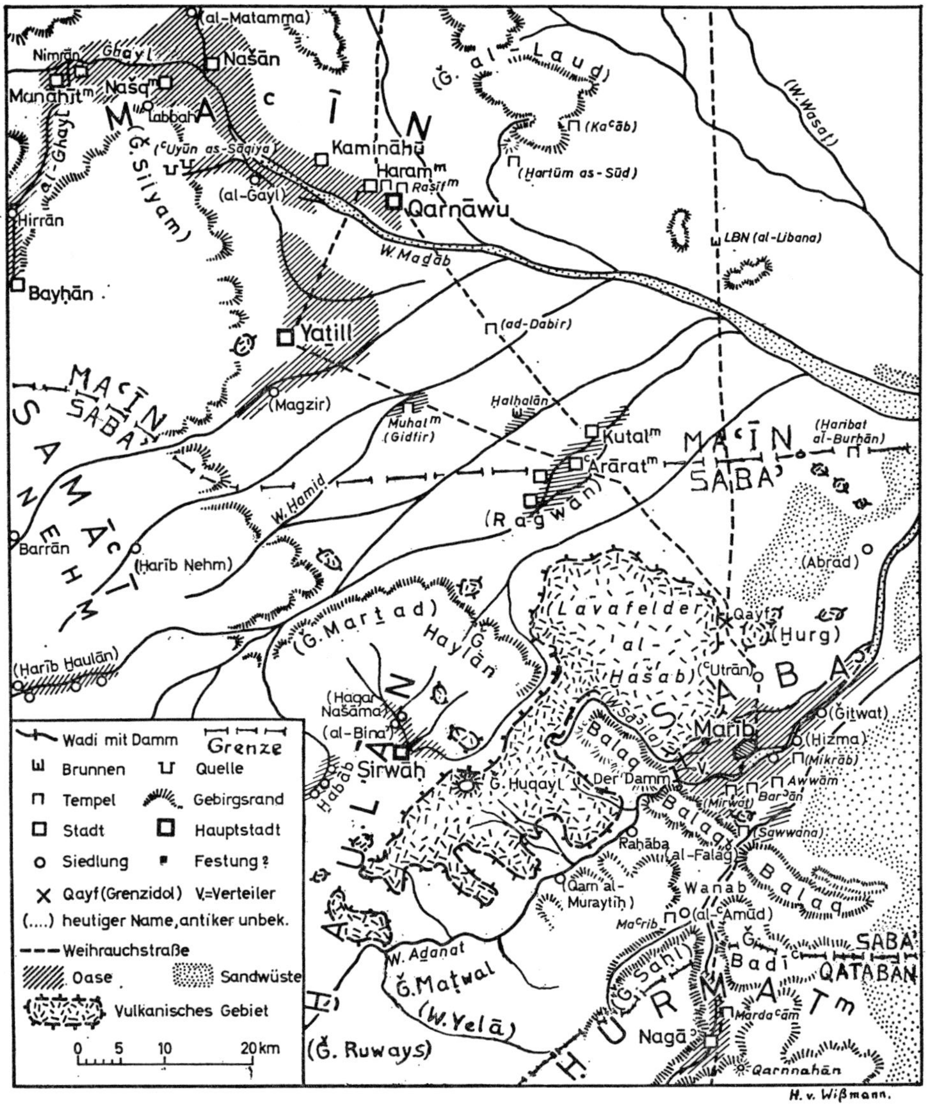

Karte 1. Die weitere Umgebung von Maryab und die nördlichen Nachbargebiete.

DIE MAUER DER SABÄERHAUPTSTADT MARYAB *

Die Macht des Sabäerreichs hat sehr wahrscheinlich schon im frühen letzten Jahrtausend v.Chr., etwa zur Zeit Salomos, kulminiert. Man vergleiche meine Ausführungen in *Frühe Gesch.* und *Sab. u. Aelius Gallus* (s. Anm. *) sowie die Arbeiten von Anm. 1.

Ōphīr, das Goldland, das Salomos und Ḥirams Schiffe aufsuchten, lag an der Küste des Roten Meeres im heutigen Süd-Ḥeǧāz und gehörte zum Sabäerreich. Die « Königin von Saba' » war wohl Priesterkönigin in der sabäischen Handelskolonie in Dedan und begleitete eine südarabische Weihrauchkarawane auf der « Weihrauchstraße », an der Dedan dort lag, wo sich die Karawanenstraßen von Süden her nach Babylon, Syrien, Jerusalem, Gaza und Ägypten spalteten. Das Hochland von Äthiopien war wahrscheinlich schon damals vom Sabäerreich aus kolonisiert und in die Hochkultur einbezogen worden. So war Saba' auch im Besitz der Meerengen zum Indischen Ozean und der Weihrauchländer an den Küsten des Golfs von ʿAden.

Vermutlich war Maryab [2] schon früh die ummauerte Hauptstadt des Sabäerreichs. Der Name MRYB war inschriftlich vom 8. Jh. v.Chr. bis zum 2. Jh. n.Chr. gebräuchlich. Erst seit dem 2. Jh. n.Chr. erscheint der Name Marib (MRB). Ma'rib (Mārib) findet sich als Name des herabgekommenen Ortes erst in islamischer Zeit [3]. Folgende antiken Autoren nennen Marīb (Maryab) : Eratosthenes bei Strabo XVI, IV (768) : *Μαρίαβα*; Artemidor bei Strabo XVI, IV (778) : *Μαρίαβα*;

---

* Abkürzungen : WZKM = Wiener Zeitschr. f. d. Kunde des Morgenlandes. BiOr = Bibliotheca Orientalis.

Pirenne, *Paléogr. I* = J. Pirenne, *Paléographie des inscriptions Sud-Arabes I*, Verhandelingen van de Koninkl. Vlaamse Acad. voor Wetensch. etc. van België, Kl. d. Letteren, Nr. 26, Brussel 1956.

Wißmann, *Inschr.-Komplex* = H. v. Wißmann, *Über den Inschriftenkomplex einer Felswand bei einem ʿAṯtar-Tempel im Umkreis von Marīb*; Anhang : *Saba's früheste bekannte Herrscher*; Österr. Akad. Wiss. phil.-hist. Kl. Sitzungsber. Bd. 298, 1, 1975.

Wißmann, *Frühe Gesch.* = H. v. Wißmann, *Über die frühe Geschichte Arabiens und das Entstehen des Sabäerreichs*; Österr. Akad. Wiss. phil.-hist. Kl. Sitzungsber., Bd. 301, 5, 1975.

Wißmann, *Sab. u. Aelius Gallus* = H. v. Wißmann, *Die Geschichte des Sabäerreichs und der Feldzug des Aelius Gallus, Aufstieg und Niedergang der Römischen Welt II*, Bd. 8, ed. H. Temporini, Berlin u. New York 1976. Der Band hätte 1973 erscheinen sollen, ist aber immer noch nicht umbrochen. Es wird nach Kapiteln zitiert.

1 Man vergleiche z.B. ferner : W. F. Albright, in G. Van Beek, *Recovering the Ancient Civilization of Arabia*, Biblical Archaeologist XV, 1, 1952, S. 6, H. v. Wißmann, *Ōphīr und Ḥawīla*, Realenc. d. Class. Altertumswiss., Suppl., Bd. XII, 1970, 942-976.

2 Es ist mir bewußt geworden, daß der Name MRYB wohl häufiger « Maryab » als « Marīb » ausgesprochen wurde.

3 Schon zur Zeit Muḥammads. Vgl. L. Caetani, *Annali dell'Islām*, Milano 1905, a. 1017, § 81 f.

Zug des Aelius Gallus bei Strabo XVI, IV (782): *Μαρσύαβα(-βαὶ)*, wohl verballhornt von *Μαρύαβα*; Plinius Nat. Hist. VI, 155: *Marelibat(h)a* (*Arel(i)bata*), etwa verschrieben statt *Mareiaba* (Mordtmann); Plinius Nat. Hist. VI, 158: *Maribba* (*Marippa*) *Palmalac(h)um* (*Paramalacum*, *Baramalacum*), wohl für «Marīb, Bayt Malik» (Marīb, das Schloß des Königs); Plinius Nat. Hist. VI, 160: *Mariba* (*Marriba*); Monumentum Ancyranum: *Mariba*, *Μαρίβα*; Stephanus Byzantinus: *Μαρίαβα*; Marib erscheint bei Ptolemäus, Geogr. VI, 7,37 *Μάρα μητρόπολις*; Ptolemäus, *κανῶν ἐπισήμων πόλεων*: *Μάραβα*; Ammianus Marcellinus XXIII, 47: *Baraba*; Geogr. Rav.: *Periba*. Wenn die Stadt bei Agatharchides *Σάβαι* (*Σὰβας*, *Σαβᾶς*) heißt, so ist dies darauf zurückzuführen, daß der Stadtgau von Maryab, der vor allem die große Oase umfaßte, inschriftlich Saba' hieß; dieser Name wurde vermutlich vom Stadtgau auf das Reich der Sabäer übertragen. Dort wo *Shebā* (und *Sabā*) in der Genesis genannt werden, bedeuten sie großenteils diesen Gau der Hauptstadt. Maryab wird dort nicht genannt [4].
Der Name Maryab wird weder im Alten Testament noch in assyrischen Inschriften erwähnt, wohl Šebā (Sabā) bzw. Saba. Wie gesagt, war dies nicht nur der Name des großen Reichs, sondern seit alters der Name des Stadtgaues von Maryab mit der großen vom Wadi 'Aḏanat (heute Ḏana) und vom Wadi al-Falağ vom westlichen Hochland her bewässerten Oase und deren Berg- und Wüstenumrahmung. Offensichtlich ist an manchen Stellen, so in Teilen der Völkertafel der

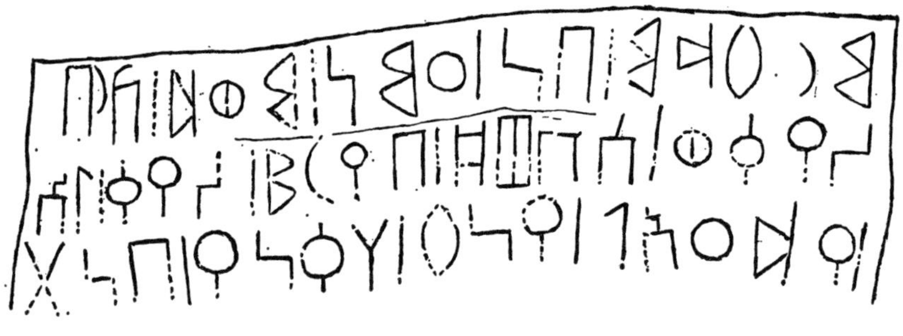

Abb. 1. Gl 1719+1717+1718. Die älteste bekannte die Stadt Maryab nennende Inschrift. Rohe Felsinschrift wohl vom Rand der Oase von Maryab, gesetzt von einem Qayn (Minister) des Yada''īl Yanūf bin Karib'īl. «MRFD^m bin 'MN, Mawadd (Freund) des Karib'īl, Qayn von Maryab, (Sippe) ḏū-Ṭasas, und Qayn des Yada''īl Yanūf, weihte eine Tochter». Neuzeichnung von H. v. Wißmann. Das gegabelte *H*, die abgestumpften oder vorgezogenen Spitzen der Dreiecke des *M*, die Linsenform des *F*, die Trapeze des *D* und die Größe der Kreise von *Y*, *Q* und *'Ayn* zeigen, daß die Inschrift in die früheste paläographische Stufe der bekannten sabäischen Inschriften gehört. Vgl. S. 3.

[4] Vgl. auch A. Grohmann, *Mariaba*, Realenc. d. Class. Altertumswiss., XIV,2, 1930, 1713-1744; Tkač, *Saba*, ebd. IIA2, 1920, 1298-1511, insb. 1361; J. Pirenne, *Le Royaume de Qatabān et sa datation*, Bibl. du Muséon 48, 1961, 111-113; H. v. Wißmann, *Ōphīr und Ḥawīla*, Realenc. d. Class. Altertumswiss., Suppl. XII, 1970, 943-947 und später; H. v. Wißmann, *Zamareni*, Realenc. d. Class. Altertumswiss., Suppl. XI, 1968, S. 328, Karte Suppl. XII, 1711.

Genesis, der Stadtgau gemeint. Es ist mit Sicherheit anzunehmen, daß die Hauptstadt schon in der Zeit ummauert war, aus der man inschriftlich noch nichts weiß. Ein Großteil der ältesten uns bekannten Inschriften stammt aus diesem Stadtgau von Maryab, obwohl man in den Ruinen der Stadt noch keinerlei Ausgrabungen hat vornehmen können. Auch die älteste Inschrift. aus der wir den Namen Maryab kennen, Gl 1719+1717+1718 [5] (Abb. 1), stammt wohl vom Rand dieser Oase. Es ist eine rohe Felsinschrift eines hohen Beamten, eines Qayn des Herrschers Yada''īl Yanūf, der sich auch Qayn von Maryab nennt. In einer von ihm selbst gesetzten Inschrift, Gl 1561 [6], die aus dem Gau stammt, der nördlich an den von Maryab grenzt, den Oasengau von 'Arārat^{m} und KTL^{m}, nennt der Herrscher sich « Yada''īl Yanūf bin Karib'īl, Mukarrib von Saba' ». In meiner neuen Herrscherliste des Sabäerreichs (s. S. 19) stelle ich diesen ältesten uns bisher mit Namen und Vaternamen bekannten Herrscher von Saba' auf etwa 755 v.Chr. Sein Sohn, Sumuhu'alī Ḏarīḥ bin Yada''īl, etwa 740 v.Chr., baute vermutlich als Prinzregent, bei einer Felswand an der Südgrenze des Stadtgaues von Maryab (Ja 540) [7]. Wohl der Sohn und der nächste Nachfolger dieses Sumuhu'alī Ḏarīḥ war Yiṯa' 'amar Bayyin bin Sumuhu'alī [8]. Ich kann in « *Inschr.-Komplex* » und « *Sab. u. Aelius Gallus* » (Anm. *), mit Sicherheit zeigen, daß dieser der Yiṯa''amar von Saba' ist, der 715 v.Chr. Sargon II. von Assur Tribut brachte [8a]. Paläographisch

---

5 A. G. Lundin, *Samml. E. Glaser V, Die Eponymenliste von Saba'*, Österr. Ak. Wiss. phil.-hist. Kl., Sitzungsber., Bd. 248, 1, 1965, 97-99, Taf. XXIV; A. Jamme, *The Sabaean Onomastic Lists (second half)*, Riv. degli Studi Orientali XLII, 1967, Pl. II. Nach den Abklatschphotos wurde die Inschrift von mir neu bearbeitet (Abb. 1); s. H. v. Wißmann, *Samml. E. Glaser IX, Über den Inschriftenkomplex* usw.; Anhang : *Saba's früheste bekannte Herrscher*. Österr. Ak. Wiss., phil.-hist. Kl., Sitzungsber., Bd. 298, 1, 1975, 41-45. Dort auch das folgende GI 1561.

6 J. M. Solá Solé, *Samml. E. Glaser II*, Österr. Ak. Wiss., phil.-hist. Kl., Sitzungsber., Bd. 238,3, 1961, S. 39.

7 A. Jamme, *Inscriptions des alentours de Mareb (Yemen)*. Cahiers de Byrsa 5, 1955, S. 269 f., Pl. 1. Neu bearbeitet in H. v. Wißmann, *Die Geschichte des Sabäerreichs und der Feldzug des Aelius Gallus*, Kap. IV,1. Briefliche Übersetzung von W. W. Müller : « Sumuhu'alī Ḏarīḥ bin Yada''īl hat erworben und gebaut für seinen Jungen (sein Kind) Waqah'īl diesen *'db* ḏū-Waqah'īl als Eigentum — und nicht werde (etwas davon) weggenommen — zu seiner Grenze und gemäß dem Schriftdokument des Ḏamarwaqah. Und er hat es erworben als anderen (d.h. zweiten) *'db*, den *'db* des Waqah'īl, im Monat (*wrḫ[hw]* ?) ḏū-Saḥar des Priestertums des Mayṯa'um von der Sippe Ḥazfarum ». *'db* bedeutet eine Baulichkeit. Im Sinne von A. F. L. Beeston, *Epigraphic South Arabian Calendars and Datings*, London 1956, wurde von W. W. Müller *wrḫ[hw]* statt *wrḏm* gelesen. Doch läßt diese Angabe hier und in CIH 555 nicht auf eine echte Eponymatsdatierung schließen. — Da die Gepflogenheit, sich als « Mukarrib von Saba' » zu bezeichnen, hier nicht angewandt wird, war Sumuhu'alī Ḏarīḥ zur Zeit der Inschrift wahrscheinlich Prinz, wohl Prinzregent für seinen Vater. Vgl. S. 19.

8 Die Inschriften des Yada''īl Yanūf gehören noch in die älteste uns bekannte paläographische Stufe, die ich in meiner neuen Arbeit Stufe I nenne (Albright : Stufe A, Pirenne : Stufe A_1). In die Übergangsstufe von I zu II gehören Sumuhu'alī Ḏarīḥ, Yiṯa''amar Bayyin bin Sumuhu'alī und in einem Teil seiner Inschriften Karib'īl Watar bin Ḏamar'alī.

8a Vgl. auch S. 53.

kann ich zeigen, daß alles dafür spricht, daß er es war, der am Bau der Mauer von Maryab laut der Inschrift Garbini MM [9] beteiligt war.

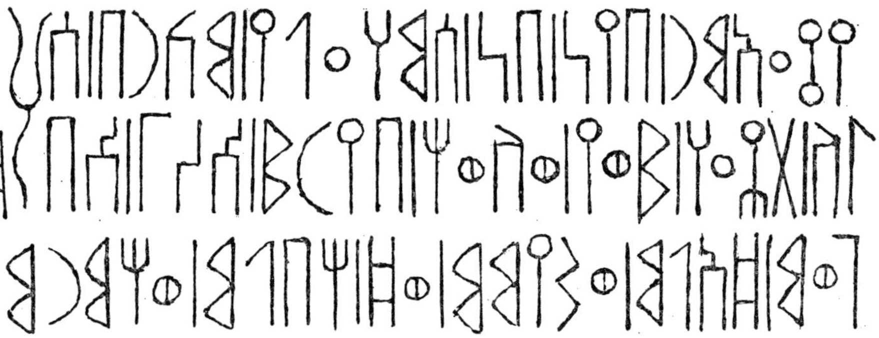

Abb. 2. Garbini MM. Bau des Mauerstücks ḤWKW der Stadt Maryab des Yiṯaʿʾamar Bayyin bin Sumuhuʿalī, desselben, der 715 v.Chr. Sargon II. Tribut sandte. Bundesschließungsformel. Monumental-Inschrift der Übergangsstufe I bis II.

Diese Inschrift (Abb. 2) lautet : « Yiṯaʿʾamar Bayyin bin Sumuhuʿalī, Mukarrib von Sabaʾ, befestigte (*gnʾ*) Maryab, ḤWKW »; es folgt die « Bundesschließungsformel », welche wohl aussagt, daß der Herrscher eine Versammlung (der Sippen) einberief, um Gemeinschaften (wohl der Sippen der Gaue) einzurichten (und zu erneuern), vor allem in deren Bindungen an ihre Gottheiten (und göttlichen Patrone). Es scheint eine sehr alte Formel für eine wohl seit langer Zeit ausgeübte, mit einem rituellen Mahl verbundene [10] Handlung des Mukarrib gewesen zu sein [11]. Mit ḤWKW ist gewiß ein speziell so benannter Mauerteil gemeint, eine Bastion oder ein Tor. Denn Yiṯaʿʾamar Bayyin bin Sumuhuʿalī ummauerte auch ʿArāratᵐ als kleine Feste, im Nachbargau im Norden, 35 km von Maryab entfernt. Dank H. Philby's Vermessung [12] kennen wir diese Mauer genau und wissen, an welchen Stellen fünf Mauerbauinschriften des Yiṯaʿʾamar Bayyin bin Sumuhuʿalī angebracht waren, mit dem Text : « Yiṯaʿʾamar Bayyin bin Sumuhuʿalī, Mukarrib von Sabaʾ, befestigte ʿArāratᵐ » Darauf folgt bei vier dieser Inschriften je ein Name : « MRḤBM », « DʿM », « ḤRB » und « Y.YṮ » [12a]. Da diese Inschriften

9 G. Garbini, *Un nuovo documento per la storia dell'antico Yemen*, Oriens Antiquus XII, 1973, S. 143-163, Tav. XVIII. Ich nenne die neue Inschrift hier Garbini MM (Mura-Mārib).

10 J. Ryckmans, *Ritual Meals in the Ancient South Arabian Religion*. Seminar for Arabian Studies. London, Sept. 1972, und an anderen Stellen.

11 Viele Arbeiten beschäftigen sich mit dieser Formel. Man vergleiche z.B. M. Höfner, *War der sabäische Mukarrib « Priesterfürst »?* WZKM 54, 1957, S. 80-84; Dieselbe, *Südarabien*, in : Religionen der Menschheit 10, 2, 1970, S. 339 f. In der letzteren Arbeit geht M. Höfner auch auf die « Versammlungsformel » ein, die oft mit der « Bundesschließungsformel » zusammen erscheint, zum Teil auch ohne diese.

12 Bearbeitet von H. v. Wißmann in : *Zur Geschichte und Landeskunde von Alt-Südarabien*, Österr. Ak. Wiss., phil.-hist. Kl., Sitzungsber., Bd. 246, 1964, S. 212-217, Plan S. 215.

12a Gl 1558, 1559, 1560; Philby 217 c, 217 d.

jeweils an einer Bastion angebracht wurden, ist erkenntlich, daß dies die Namen der einzelnen Bastionen waren [13]. Es wird von den Inschriften an der Mauer von

Abb. 3. Gl 1558 = Ph 277b. Bau des Mauerstücks D'M der Feste 'Arāratm desselben Yiṯa''amar Bayyin bin Sumuhu'alī, der die Inschrift der Abb. 2 setzte. Übergangsstufe I bis II.

'Arāratm hier Gl 1558 als Pause des Glaser-Abklatsches gebracht (Abb. 3), auch um die Ähnlichkeit des Duktus mit der Inschrift Garbini MM über die Mauer von Maryab zu zeigen. Die Buchstaben von Garbini MM sind freilich schlanker als die von Gl 1558. Das Verhältnis der Breite zur Höhe der Buchstaben (der Br.-H.-Index) beträgt im Mittel bei Garbini MM 1/4, bei Gl 1558 etwa 1/3 [14]. Garbini MM ist die früheste bekannte «Monumentalinschrift» im Sinne von J. Pirenne [15]. Doch unterscheiden Garbini MM und Ja 541 sich von fast allen späteren Inschriften mit schlanken Buchstaben seit Yada''īl Ḏarīḥ (s. S. 13) dadurch, daß bei ihnen die beiden Dreiecke, die am Schaft des M übereinander angebracht sind, mehr oder weniger gleichschenklig und mit ihren Spitzen nicht voneinander fortgespreizt sind, wie es z.B. auf der Inschrift von Abb. 7b zu sehen ist, und daß in ihnen noch nicht die Drittelung der Buchstabenhöhe sich durchsetzt sondern in vielem eine Vierteilung vorherrscht [16]. Ja 541 ist die einzige

---

[13] Der Norden der Mauer von 'Arāratm wurde von Karib'īl Watar bin Ḏamar'alī befestigt. Inschr. Ph 133; Eine von 'Arāratm verschleppte Inschrift lautet: «[Ka]rib'īl Watar bi[n Ḏamar'alī, Mukarrib von Saba', befestigte] 'Arāratm RYMN». Es war auch sonst gebräuchlich, einzelnen Türmen, Toren und Bastionen einer Stadt besondere Namen zu geben, so später bei den Minäern in Yaṯill und Qarnāwu.

[14] Garbini MM : 1/3,6 bis 1/4,2; Gl 1558 : 1/2,6 bis 1/3,5. Die Anklänge an die Stufe I sind bei beiden Inschriften gering: Vorgezogene Spitzen der Dreiecke des zweiten *M* bei Gl 1558, abgestumpfte Spitzen der Dreiecke des *M* bei Garbini MM. Die für die Stufe II typische Drittelung der Buchstaben nach der Höhe (bei *H*, *Ḥ*, *Ḫ*, *Q*, *Y*, *Ṯ*, *Ṣ*, *W*, *'Ayn*, *S*, *'Alif*, *K*, *L* und *Ḏ*) ist bei den Inschriften von Yiṯa''amar Bayyin bin Sumuhu'alī noch fast nicht vorhanden, in Garbini MM nur bei *H*, *Ḫ* und einem *L*.

[15] «Monumentalinschriften» werden bei J. Pirenne, *Paléogr. I* (s. Anm. *) auf den beigelegten Tableaus 3 und 4 gezeigt.

[16] Die Vierteilung der Buchstabenhöhe zeigt sich in Garbini MM nicht nur bei *Š* und *M* (*D* fehlt), sondern auch bei *K* und *S* (Sockelhöhe um 3/4), *Y*, *Ṯ*, *Ṣ*, einem *L* (*'Ayn* und *W* etwa 1/4 der Zeilenhöhe). Bei Ja 541 (Indexmittel etwa 1/3,5) zeigt sie sich bei *Š*, *M*, *D*, *K*, *S*, *'Alif* (Sockelhöhe um 3/4), *Y*, *Ṯ*, *Ṣ*, *H*, *Ḫ*, *L* (*'Ayn* etwa 1/4 der Zeilenhöhe). Manche Kreise und Halbkreise beschränken sich auf 1/5 der Zeilenhöhe. Nur das *W* nimmt etwa 1/3 der Zeilenhöhe ein. — In Stufe II beträgt in den Inschriften, die sich dem «klassischen» Duktus nähern, die Sockelhöhe von *K*, *S* und *'Alif* zumeist und angenähert 2/3 der Buchstabenhöhe. Doch gibt es viele Abweichungen.

Inschrift mit schlanken Buchstaben, die von Karib'īl Watar bin Ḏamar'alī bekannt wurde. Da sie im Duktus eng mit Garbini MM verwandt ist, kann man sie wohl noch zur paläographischen Zwischenstufe I bis II rechnen. Über sie vergleiche man hier S. 8 und 19 sowie Anm. 8 und 26.

Daß Yiṯa''amar Bayyin bin Sumuhu'alī, wohl Sohn des Sumuhu'alī Ḏarīḥ, vom späteren Yiṯa''amar Bayyin bin Sumuhu'alī Yanūf zu trennen ist, zeigt sich im Vergleich der Paläographie der beiden Herrscher. Vom späteren sind freilich nur zwei Inschriften in Bild oder Abklatsch bekannt, CIH 622 und RES 4431 = Gl A 739a-e [17]. (Eine Pause der Abklatschphotos von Gl A 739a-e, die ich Frau Professor Dr. Höfner verdanke, wird auf S. 16 in der Abbildung 7b gegeben). Beide sind « Monumentalinschriften » mit « gespreizten » Dreiecken des M und sehr niederen Sockeln von S, K und 'Alif. Vermutlich fügte der spätere Herrscher den Beinamen seines Vaters, Yanūf, hinzu, um sich als Yiṯa''amar Bayyin bin Sumuhu'alī Yanūf vom früheren Yiṯa''amar Bayyin bin Sumuhu'alī, dessen Vater wohl Sumuhu'alī Ḏarīḥ war, unterscheiden zu lassen. Rechnet man die paläographisch unbekannte Inschrift des Yiṯa''amar Bayyin bin Sumuhu'alī, Gl 797 = RES 3625 = RES 4177 [18], zum frühen Herrscher hinzu, so hört man, daß dieser an der Nordgrenze des Stadtgaues vom Maryab, des Gaues Saba', einen Stelenaltar errichtete, der dem Stelenaltar von Sumuhu'alī Ḏarīḥ, wohl seinem Vater, ähnlich gewesen zu sein scheint, welcher auf der Bergeshöhe an der Südgrenze des Gaues steht [19]. Hier im Norden hat E. Glaser nur noch den Sockel mit der Inschrift vorgefunden.

G. Garbini stellt die neu entdeckte Mauerbau-Inschrift des Yiṯa''amar Bayyin bin Sumuhu'alī zum späteren Herrscher des gleichen Namens, der diesem Namen aber den Beinamen des Vaters, « Yanūf », hinzufügt. Abgesehen von paläographischen Gründen (s. auch S. 5 und Anm. 14) deutet folgendes darauf hin, daß die Inschrift zum frühen Herrscher gehört: (1) die Bundesschließungsformel, die sonst nur in der frühen Periode vorkommt (vgl. die Tafel auf S. 19 f), (2) der Brauch des frühen Herrschers, den Namen des Befestigungsteils dem Namen der

---

17 Über diese und die anderen Inschriften des Yiṯa''amar Bayyin bin Sumuhu'alī Yanūf vergleiche man S. 16 f und Anm. 44.

18 Gl 797 = RES 3625 = RES 4177 : M. Höfner und N. Rhodokanakis, *Zur Interpretation altsüdarabischer Inschriften III*, WZKM 43, 1936, S. 213 : « Yiṯa''amar Bayyin bin Sumuhu'alī, Mukarrib von Saba', errichtete den Stelenaltar (*qf*/*qyf*) an den zwei Toren (*ḫlfy*) (von) NWM^{m}, da er ausübte (rituelle) 'Aṯtar- und Grubenjagd ». Dazu E. Glaser, *Reise nach Mârib, Samml. E. Glaser I*, Ak. Wiss. Wien 1913, S. 92a. Er fand und kopierte die Inschrift zu Beginn der Rückreise von Mârib an einem Ort, den er Ma'rīb nennt. Man vergleiche dort die Karte von A. Feuerstein und hier Karte 1. Der Ort lag an der Nordgrenze des Stadtgaues von Maryab. Über *qf* und *qyf* vgl. W. W. Müller, *Die Wurzeln Mediae et Tertiae Y/W*, Diss., Tübingen 1962, S. 95 f.

19 Gl 1099 = Ja 538 = RES 4635, Pirenne, *Paléogr. I*, Pl. VIb; M. Höfner, N. Rhodokanakis, *Zur Interpretation III*, WZKM 43, 1936, S. 212.

befestigten Ortschaft beizufügen und (3) daß ein Beiname des Vaters fehlt. Freilich war, wie Garbini zeigt, auch der spätere Herrscher am Mauerbau von Maryab wesentlich beteiligt (s. S. 15). Dies ist der Grund für G. Garbini (S. 155), die neue Inschrift diesem späteren Herrscher zuzuweisen.

Auch an dieser Stelle ist zu sagen, daß eine Anzahl von Gründen mich zwang, meine bisherige Annahme [20] aufzugeben, daß «Karib'īl Watar bin Ḏamarʿalī» im Sinne von W. F. Albright [21] in zwei Herrscher zu teilen sei, deren erster mit dem Karib'īl von etwa 685 v.Chr. identisch sei, der dem Sanherib von Assur Geschenke bringen ließ, deren zweiter um oder nach der Mitte des 5. Jh. v.Chr. der letzte Mukarrib und erste König war. Die Auffassung, in Karib'īl Watar bin Ḏamarʿalī den letzten Mukarrib und ersten König zu sehen, war durch die Übersetzung des großen Kriegsberichtes dieses Herrschers, RES 3945, Z. 1, durch N. Rhodokanakis [22] entstanden, welcher in dem Satz: *krb'l/wtr[/b]n/ḏmr[ʿ]l[y/]mkrb/sb'/ bmlkh[w]/l'lmqh/wl/sb'* das Wort *bmlkhw* mit «als er König wurde» wiedergab [23]. Viele schlossen sich an, wenn auch zum Teil nicht für immer. Andere übersetzten *bmlkhw* etwa mit dem Passus «als er König war», «als er die Funktion eines Königs ausübte» [24]. Herr Kollege W. W. Müller war so freundlich, mir für diese Übersetzung von *bmlkhw* seine Kenntnisse in mehreren Briefen zur Verfügung zu stellen. Vom Arabischen her könne *bmlkhw* wohl nur heißen **bi-mulkihī*, «während seiner (Königs-) Herrschaft», «während seiner Regierungszeit». Ihm

---

20 H. v. Wißmann, *Zur Geschichte und Landeskunde von Alt-Südarabien*, Österr. Ak. Wiss., phil.-hist. Kl., Sitzungsber., Bd. 246, 1964, Genealogische Tafel I mit Abänderung S. 389; ders., *Zur Archäologie und antiken Geographie von Südarabien*, Istanbul und Leiden 1968, S. 6.

21 W. F. Albright, *A Note on Early Sabaean Chronology*, BASOR Nr. 143, 1956, S. 9 f. A. Jamme, *La paléographie sud-arabe de J. Pirenne*, Washington 1957, S. 127-132.

22 N. Rhodokanakis, *Altsabäische Texte I*, Ak. Wiss. Wien, phil.-hist. Kl., Sitzungsber., Bd. 206,2, 1927, S. 20, 59.

23 Seine Deutung übernahmen die Folgenden oder änderten sie wenig: K. Mlaker, *Die Hierodulenlisten von Maʿīn nebst Untersuchungen zur altsüdarabischen Rechtsgeschichte und Chronologie*, Leipzig 1943, S. 80-86; M. Höfner, *Zur Interpretation altsüdarabischer Inschriften II*, WZKM 43, 1936, S. 83 f.; A. F. L. Beeston, *Sabaean Inscriptions*, Oxford 1937, S. 62; J. Ryckmans, *L'institution monarchique en Arabie Méridionale avant l'Islam*, Bibl. du Muséon 28, 1951, S. 71-73; A. Jamme, *La paléographie sud-arabe de J. Pirenne*, Washington 1957, S. 146-150; ders., *Les listes onomastiques Sabéennes I*, Washington 1966, S. 79 f. A. Jamme übersetzt: «... Karib'īl Watar bin Ḏamarʿalī, Mukarrib de Saba', s'est décidé à devenir roi en faveur de 'Ilumquh et de Saba'».

24 J. H. Mordtmann und E. Mittwoch, *Himjarische Inschriften*, Mitt. d. vorderasiat.-ägypt. Gesellsch. 37,1, 1932, S. 6: «als er (noch) König war»; Sidney Smith in: *Vetus Testamentum II*, 1952, S. 285: «by right of his kingship»; auf beide beruft sich J. Pirenne, *Paléographie I*, (vgl. Anm. *), S. 47 f., 144; A. G. Lundin, *O titulye mlk «tsar» b yuschnoi Arabii seredin tisytschyelyetiy do n.z.*, Kratkie Soobscheniye Instituta Narodow Azii, Nr. 46, Drewney Wostok, Moskau 1962, S. 210: «als er König war»; ders., *Samml. E. Glaser V* (s. Anm. 5), S. 88: «als er die Funktion eines Königs ausübte» und neuerdings A. F. L. Beeston, *Kingship in Ancient South Arabia*, Journal of the Economic and Social History of the Orient 15, 1972, S. 265: «in his capacity of King».

ist — vom Historischen abgesehen — dieser Sinn wahrscheinlicher als die Bedeutung « als er König wurde » [25]. Für die Gründe, warum ich Karib'īl Watar bin Ḏamar'alī als einen einzigen Herrscher anzusehen habe, vergleiche man Wißmann, *Sab. u. Aelius Gallus* (s. Anm. *), Kap. IV, 4. In dem großen Tatenbericht RES 3946 des Karib'īl wird die Befestigung von mehr als 25 Orten gemeldet. Merkwürdigerweise fehlt Maryab. Dabei hören wir in RES 3945, 3946 und Ja 541 [26] viel von Bauten der Bewässerung und von Staubecken der beiden Hälften der Oase von Maryab. Waren die Mauern der Stadt schon ganz von Yiṯa''amar Bayyin ausgebaut worden? Karib'īl meldet die Vollendung der Befestigung von 'Arāratᵐ (Philby 133 und Gl 1567 = Philby 101) [27]. Und er meldet die Befestigung des benachbarten KTLᵐ (RES 3948 mit Bundesschließungsformel sowie RES 3946,1) [28]. Zwei weitere Mauerbauinschriften des Herrschers fand Philby in die Mauer von KTLᵐ eingebaut. Die eine nennt den Namen des Tores YLṬ, die andere den Namen der Bastion YṮ. (?), auf beiden fehlt der Ortsname, der KTLᵐ lauten müßte. So wissen wir nicht, ob mit dem Namen der drei weiteren Inschriften Karib'īls, die die Befestigung von ḤLḤLN [29], MLKN [30] und ŠB'N [31] vermelden, Städte gemeint sind oder Namen von Toren oder Bastionen von KTLᵐ oder einer anderen Stadt; ḤLḤLN heißt heute ein Wadi bei

---

25 W. W. Müller: Eine Parallele zur Übersetzung von N. Rhodokanakis steht z.B. in 1. Samuel 13,1, über Saul, welcher ... Jahre alt war, « als er König wurde » (bə mālkō). Hier aber scheine ihm die Übersetzung von *bmlkhw* mit « während seiner Regierungszeit » das Gegebene. An den vielen Stellen, wo A. Jamme mlk durch « Gebiet », « Besitz » übersetzt (Gl 1689a,3 aus der Mukarrib-Periode; *Les listes onomastiques* [vgl. Anm. 23] S. 78 ff. und [*mlkhw*] in Ja 608,13,14 sowie [*mlkhmw*] in Ja 609,13; 610,16; 611,19; 853 A,4; B,4; C,4; D,3; Ja 854,5; 877,15, *Sabaean Inscriptions from Maḥram Bilqîs*, Baltimore, Johns Hopkins 1962) ist ihm für ersteres « zur Regierungszeit des », für alle übrigen « (das Heil oder Wohlergehen) seines oder ihres Königtums » die wahrscheinlichste Übersetzung. In all diesen Ja-Inschriften bittet der König um das Heil oder Wohlergehen seines bzw. (bei Korregentschaft) ihres Königtums (*mulk*). Über RES 3945, Z. 14, vergleiche man Wißmann, *Sab. u. Aelius Gallus*.

26 A. Jamme, *Inscr. des alentours ...* (s. Anm. 7), S. 271 ff., Pl. 1. WTR und WQH sind Namen von Bewässerungsanlagen; vgl. RES 3945, Z. 2/3 (N. Rhodokanakis, *Altsab.*, *T. I* (s. Anm. 22)).

27 H. v. Wißmann, *Zur Geschichte und Landeskunde von Alt-Südarabien* (s. Anm. 12), S. 214-217. Gl 1567: befestigte 'Arāratᵐ Raymān.

28 RES 3948 = Gl 1550; Abklatschteil s. J. Pirenne, *Paléogr. I*, Pl. Va (s. Anm. *). Index und Form des *M* und anderes wie in pal. Stufe I; RES 3946 gehört zu Stufe II. Ersteres wird von W. F. Albright zum frühen, letzteres zum späten Karib'īl Watar bin Ḏamar'alī gerechnet. Beide melden die Befestigung von KTLᵐ.

29 ḤLḤLN: Gl A 776, G. J. Botterweck, *Altsüdarab. Glaser-Inschr.*, Orientalia N.S. 19, 1950, S. 435; Abkl.-Teil: J. Pirenne, *Pal. I*, Pl. II (s. Anm. 8).

30 MLKN: Gl A 775, J. M. Solá Solé, *Samml. Glaser II*, Österr. Ak. Wiss., phil.-hist. Kl., Sitzungsber., Bd. 238,3, 1961, S. 43, Taf. XXV.

31 ŠB'N: Gl A 777, G. J. Botterweck (s. Anm. 29), S. 435; Abkl.-Teil: J. Pirenne, *Pal. I*, Pl. V (s. Anm. *). Paläographisch gehört es zu Stufe II, somit im Sinne von W. F. Albright zum späteren Kar. Wat. b. Ḏam., während die vorher Genannten zur Übergangsstufe zwischen I und II gehören und damit im Sinne von Albright zum älteren Herrscher dieses Namens.

KTL^m [32]. Es ist nicht ausgeschlossen, daß MLKN und ŠB'N Teile der Mauer von Maryab waren.

Der Unterschied zwischen der paläographischen Stufe I, in welche noch die Inschriften des Yada''īl Yanūf gehören, und der Stufe II wird für die kennzeichnenden Buchstaben in Abb. 4a gezeigt. Dazwischen schaltet sich die Übergangsstufe ein, die von Sumuhu'alī Ḏarīḥ bin Yada''īl über Yiṯa''amar Bayyin bin

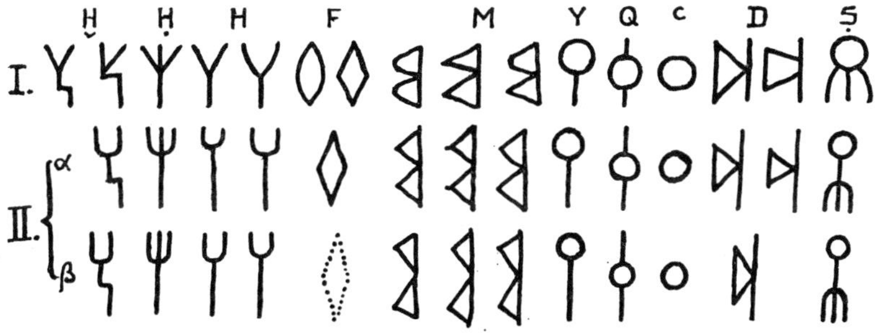

Abb. 4a. Vergleich der Buchstaben der paläographischen Stufe I mit denselben Buchstaben von Stufe II, (α) RES 3945, Tatenbericht des Karib'īl Watar bin Ḏamar'alī, und (β) CIH 366, und zwar den in Anm. 38 als (4) bezeichneten Exemplaren der sich wiederholenden Inschrift. Der Duktus von RES 3945 nähert sich dem klassischen Schema der Stufe II, der Duktus von CIH 366 (4) zeigt eine der Varianten « monumentaler » Inschriften dieser Stufe, mit « gespreizten » Dreiecken des M, die unter Yada''īl Ḏarīḥ bin Sumuhu'alī eingeführt wurden.

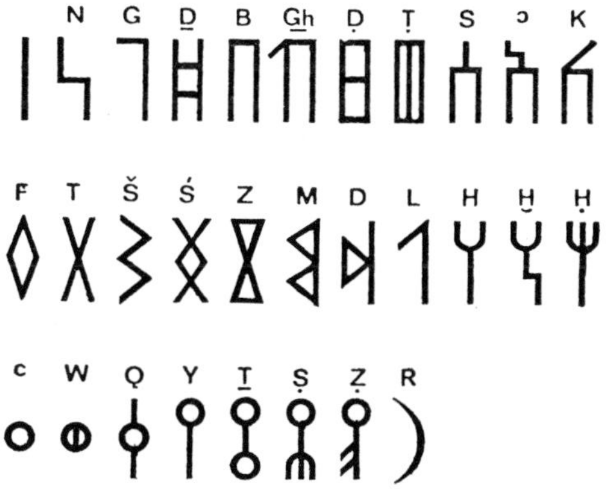

Abb. 4b. Schematische Darstellung der 30 Schriftzeichen der sabäischen Schrift nach dem « klassischen » Kanon der paläographischen Stufe II, bei einem Breiten-Höhen-Index von 1/3. Das erste Zeichen ist der Worte-Trenner.

---

[32] Zu den Angaben über die Mauerbau-Inschriften des Karib'īl in KTL^m, ḤLḤLN, MLKN und ŠB'N vergleiche man H. v. Wißmann, *Zur Geschichte und Landeskunde* (s. Anm. 12, 27), S. 217 ff., 232-238, 258 ff. Man vergleiche S. 259 die Skizze der Formen des *M* in der Stufe I der Übergangsstufe und der Stufe II.

Sumuhu'alī bis zu einem Teil der Inschriften von Karib'īl Watar bin Ḏamar'alī reicht, wo die Buchstaben der Stufe I immer seltener werden, wo aber Typisches der Stufe II noch nicht auftritt. Man vergleiche mein *Sab. u. Aelius Gallus* (Anm. *). Unter Karib'īl Watar erscheint ein sehr ausgewogener und schöner Duktus, der die älteren Buchstaben zu verdrängen beginnt. Er unterwirft fast alle Buchstaben einer einheitlichen Formgebung. Er macht den Breiten-Höhen-Index (Br.-H.-Index) der Buchstaben 1/3 zu einer Regel, die freilich sehr oft nicht eingehalten wird (Abb. 4b, Ende von Anm. 16). In ihm wird bei folgenden Buchstaben eine Drittelung der Höhe durchgeführt : S, 'Alif, K (Sockel), H, Ḥ, Ḫ (Becher mit Halbkreisböden), 'Ayn, W, Q, Y, Ṯ, Ṣ (Kreise), L, Ḏ, während die Halbierung der Buchstabenhöhe bei N, Ḍ, F, T, Z und die Viertelung bei Š, Ś, M und D beibehalten oder durchgeführt werden. J. Pirenne nennt diese Schrift, die sich durch die ganze Zeit der Stufe II verfolgen läßt (vgl. die Tafel S. 19f), später freilich mit beträchtlichen Variationen, zu Recht eine « klassische ». Die Inschriften des Karib'īl Watar gehören zum Teil in die Übergangsstufe, zum Teil — darunter die großen Tatenberichte RES 3945 und 3946 — in die Zeit des klassischen Kanons, der freilich schon am Anfang der Stufe selten eingehalten wird (Vgl. S. 13).

Die Identität des Karib'īl Watar bin Ḏamar'alī mit dem Karib'īl, der um 685 v.Chr. dem Sanherib von Assur Geschenke brachte, wird von manchen z.T. neuen Beobachtungen in meiner Arbeit *Sab. u. Aelius Gallus* (vergleiche Anm. *) gestützt. Etwa eine Generation später ist Yada''īl Ḏarīḥ bin Sumuhu'alī anzusetzen. Er war ein großer Tempelbauer. Nur eine einzige Ummauerung, die die einer Stadt sein könnte, ist von ihm bekannt, und zwar in zweifacher Ausfertigung in den Abklatschen E. Glasers Gl 1122+1116+1120 und Gl 1123+1124+1125. « Yada''īl Ḏarīḥ bin Sumuhu'alī, Mukarrib von Saba', ummauerte (*gn'*) MR-D'M » [33]. Al-Ǧadīda, von wo sie nach E. Glaser stammen, liegt in der Oase al-Ǧūba, nördlich der antiken Stadt Naga' (dem Nagia des Plinius). Es wurde E. Glaser gesagt, dicht bei al-Ǧadīda liege die Ruine Mūqiṣ, wo es einen Rundtempel gebe, der dem 'Awwām ähnlich sei. Yada''īl Ḏarīḥ war der erste uns bekannte Bauherr an dem mächtigen, einer Fliehburg ähnlichen Maueroval des 'Almaqah-Tempels 'Awwām ausserhalb von Maryab. Auch den großen Tempel des 'Almaqah in Ṣirwāḥ errichtete er und umgab ihn auf drei Seiten mit einer gerundeten Mauer von derselben Bauweise wie die Mauer des 'Awwām. Von beiden Tempeln, vom 'Awwām und dem in Ṣirwāḥ, kennen wir die Mauerbau-Inschriften des Yada''īl

---

[33] Teilabbildung von Gl 1124 bei J. Pirenne, *Paléogr. I*, Pl. XIId und Zeichnung auf Tableau 3 als B_3 monumental von Gl 1116+1122+1120. Text zuerst veröffentlicht von J. Ryckmans, Bi Or. XI, 1954, S. 136. Vgl. H. v. Wißmann, *Zur Archäologie* (s. Anm. 20), 1968, S. 103 f. Sie stammen von al-Ǧadīda. Siehe auch A. G. Lundin, *Nadpisi Yada''ila Ḏarīḥa, sbina Sumuhu'alay, Mukarriba Saba'*, Westnik Drewney Istorii 3, 1960, S. 12-22.

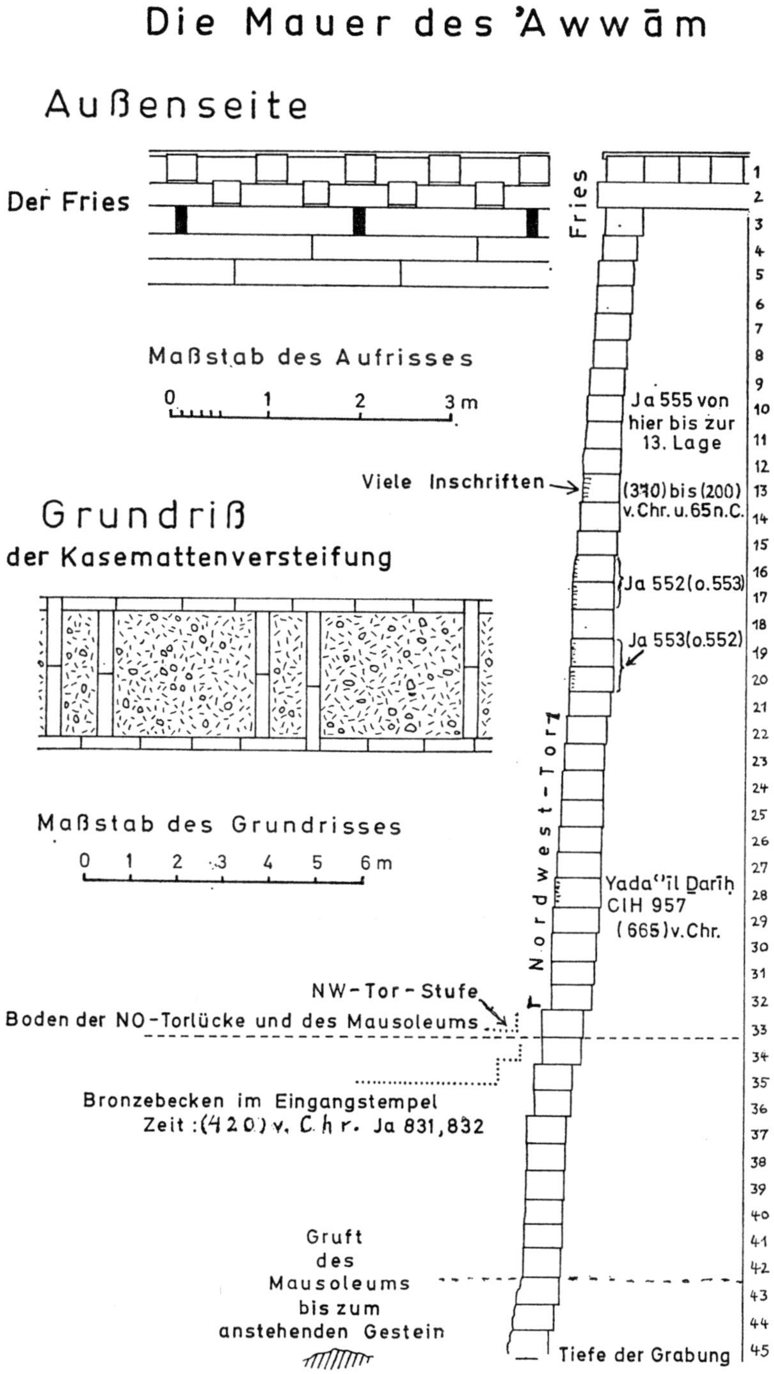

Abb. 5. Die Mauer des großen ’Almaqah-Tempels ’Awwām nach den Angaben von E. Glaser und der amerikanischen Ausgräber, gezeichnet von H. v. Wißmann. Von der 14. Quaderlage an abwärts ist sie das Werk von Yada‘‘īl Ḏarīḥ, um etwa 665 v.Chr. Von 370 bis 200 v.Chr. wurde die Mauer um 10 Quaderlagen sowie der Fries aufgestockt.

Ḏarīḥ; in beiden wird dasselbe Wort *gn'* für das Ummauern verwandt, das auch für die Befestigung der Städte gebraucht wurde. Daher ist folgendes wahrscheinlich: Wie in Ṣirwāḥ die große Inschrift sich an der Außenseite der Mauer dreifach wiederholte (s. Anm. 38, CIH 366(1) bis (3)), so mögen auch die beiden gleichlautenden Mauerinschriften von al-Ǧadīda (s. oben) einander auf der Außenseite des Rundtempels von Mūqiṣ folgen, wenn sie auch nur den Mauerbau von MRD'M berichten, ohne Kulthandlungen zu erwähnen, und ohne die Bundesschließungsformel. Die ungegliederten, bastionslosen Mauerrundungen der 'Almaqah-Heiligtümer des 'Awwām und in Ṣirwāḥ sind mit größerer Sorgfalt und größerem handwerklichem Können errichtet worden, sie sind um das Vielfache dicker und sind höher, als es die Stadtmauern waren [34]. Das geräumige Oval des 'Awwām, das eine ganze Stadt hätte aufnehmen können, muß auch als Fliehburg durch die Jahrhunderte gute Dienste geleistet haben. Ein weiterer Rundtempel steht nach E. Glasers Erkundungen in Naga'. Im Bezirk der Tempel von Ṣirwāḥ stehen zudem die Ruinen eines wohl älteren Ovaltempels (A. Fakhry [Anm. 34] I, S. 47, III, Pl. XA), den ich auf meinem Plan Taf. I und der Skizze Taf. II (als a) einzeichnete, die der Arbeit von M. Höfner über Ṣirwāḥ (Anm. 34) beigegeben sind. An den 5 Pfeilern der Propyläen und den 3 Portalumrahmungen hinter diesen Propyläen sind 8 Namen wohl in früher Schrift (A. Fakhry I, S. 48, leider Abschrift, nicht Abzeichnung) eingetragen, die Ortsnamen an der Grenze des Gaues Ḫaulān enthalten. Man vergleiche meine Beschreibung in *Ōphīr und Ḥawīla*, Pauly, *Realencyclopädie d. Class. Altertumswiss.*, Suppl. XII, 1970, Sp. 943 f. Der Tempel war wohl zentrales Gau-Heiligtum von Ḫaulān, möglicherweise aus dem frühen 1. Jahrtausend v.Chr. [34a].

Die Errichtung der starken Mauern der Rundtempel durch den Mukarrib zeigt, so wie die « Bundesschließungsformel », die vermittelnde Stellung dieses « Opferherrschers » zwischen Gottheit und Untertan. Noch in der nachchristlichen Königszeit mit ihren inneren und äußeren Kriegen wurde der Maḥram [35] des 'Awwām

34 Vgl. u.a. F. P. Albright, *Excavations at Marib in Yemen, Archaeological Discoveries in South Arabia*, Baltimore 1958, S. 215-268; J. Pirenne, *Le mur du temple Sabéen de Mârib et ses inscriptions*, Ac. Inscr. et Belles Lettres, Compte Rendus, 1969, 1, S. 80-90; Dies., *Notes d'archéol. S.-Ar. VII, L'exhaussement du mur du temple de Mârib*, Syria XLVIII, 1971, S. 179-186; A. Fakhry, *An Archaeol. Journey to Yemen III*, Serv. des antiquités de l'Égypte, Cairo 1951, Pl. III-XVIII; A. Grohmann, *Arabien, Kulturgeschichte des alten Orients*, 3. Abschn., 4. Unterabschn., München 1963, Taf. VII; B. Doe, *Southern Arabia*, London 1971, Phot. 14, 16, auf letzterem die Mauerinschrift des Tempels von Ṣirwāḥ; M. Höfner, *Inschriften aus Ṣirwāḥ I*, Österr. Ak. Wiss., phil.-hist. Kl., Sitzungsber., Bd. 291,1, 1973, S. 5-9; Taf. I-V, mit meinem Plan und meiner Photopause der Tempelvorstadt von Ṣirwāḥ.

34a Jetzt eingehend von mir in *Frühe Gesch.* (Anm. *), S. 73-76 behandelt.

35 Vgl. Ja 643,32,34; 699,6; 702,10; 735,8,12; in : A. Jamme, *Sabaean Inscriptions from Maḥram Bilqîs*, Baltimore 1962, John Hopkins; *Inschrift Scheyrer-Geukens*, die bald von W. W. Müller veröffentlicht werden wird; vgl. H. v. Wißmann, *Zur Archäologie*, Istanbul u. Leiden 1968 (s. Anm. 20), S. 116 f.

als Asyl geachtet; und dies wird wohl von jeher so gewesen sein. Daß die Herrscher-Inschriften nach Yada''il Ḏariḥ keine « Bundesschließungsformel » mehr bringen — sein Sohn und Nachfolger bedient sich in der Prunkstele Ry 585 nur noch der « Versammlungsformel » [36] die damit auch erlischt — mag auf eine Schwächung der gottvermittelnden Stellung des Mukarrib, des « Opferherrschers », von Saba' hindeuten.

Die « monumentalen » Tempelbau-Inschriften des Yada''il Ḏariḥ bin Sumuhu'alī sind die frühesten, die dem Wunsch, neben dem ausgewogenen « klassischen » Duktus, der unter Karib'il Watar aufgekommen war, schlankere Schriftarten mit reicheren Möglichkeiten zu schaffen, besser erfüllten als Garbini MM (Abb. 2) und Ja 541 der vorhergehenden Herrscher. Der « klassische » Stil erstrebt einen Buchstabencodex mit dem Br.-H.-Index 1/3 (s. S. 10), der aber sehr selten voll erreicht wird (vgl. A. Jammes Einwendungen, hier in Anm. 45 behandelt). In den neuen Monumentalinschriften des Yada''il Ḏariḥ mit schlanken Buchstaben verlieren die übereinander am Schaft haftenden Dreiecke ihre Gleichschenkligkeit und werden mit ihren Spitzen voneinander fort gespreizt (Abb. 4a, II. β; Beispiel in Abb. 7b, nicht in Abb. 6, vgl. Anm. 40). So kann der Br.-H.-Index zu 1/3,7 und weiter bis zu 1/5 ansteigen. Die « monumentalen » Varianten, die J. Pirenne (*Paléographie I*; s. Anm. *) in ihrem Tableau 3 von ihren Gruppen B_3, B_4, B_2', B_4' in Beispielen darstellt, ohne sie im Text [37] zu beschreiben, erweisen sich als zu eng; es gibt viele Abweichungen und Übergänge. Die Gruppen B_1 (der « klassische » Duktus), B_3 und B_4 sind sämtlich innerhalb der Inschriften vertreten, welche Yada''il Ḏariḥ am großen 'Almaqah-Tempel in Ṣirwāḥ anbringen ließ [38]. B_1, B_3 und B_4 können daher nicht als zeitlich aufeinander folgende Stufen aufgefaßt werden, wie J. Pirenne dies tut. Diese Inschriften am Ṣirwāḥ-Tempel

---

36 Über die Einordnung der Bundesschließungs- und Versammlungsformel in die frühe Geschichte von Saba' bis Sumuhu'alī Yanūf bin Yada''il Ḏariḥ (etwa 645 v.Chr.) vgl. hier die Geschichtstafel S. 19 f und mein *Sab. u. Aelius Gallus* [Anm. *]. Ry. 585 : s. G. Ryckmans, *Inscriptions Sud-Arabes, 17e série*, Le Muséon 72, 1959, S. 165 f., Pl. II; ein Duplikat mit anderer Zeilenverteilung des Textes bei G. Garbini, *Frammenti epigrafici sabei II*, Annali Istituto Orientale di Napoli 33, 1973, S. 593 und Tav. V.

37 J. Pirenne, *Paléogr. I* (s. Anm. *), S. 127-129, 131-135, Pl. Vc, VIIId, XI-XIX, Tableau 3.

38 Inschriften des Yada''il Ḏariḥ bin Sumuhu'alī von seinem 'Almaqah-Tempel in Ṣirwāḥ : (1) bis (3) Drei Exemplare einer großen Ummauerungsinschrift an der Außenseite des Halbrundes in der 15. Quaderlage unter dem Fries. (1) Gl 901 = Fakhry Nr. 1 = CIH 366, Brian Doe (s. Anm. 34), Pir., Pl. XIIIb und a, Abkl. Gl 1531, Gl 1646. (2) Fakhry Nr. 2, ohne Darstellung. (3) Großenteils nicht erreichbar, z.T. abgetragen, Stücke in Gl 1677 und Geukens-Pirenne Pl. XIIIc. (4) Teilstücke von zwei weiteren Inschriften ähnlichen Wortlautes; Geukens B und C = Pir., *Paléogr. I*, Pl. XIIId' und d. *bny* statt *gn'*, *bn|whwṣt* statt *šlt'd|whwṣt*. (5) Fakhry, Pl. V,4, Fakhry Nr. 8, Fakhry Pl. V,3, Fakhry 18, Fakhry, Pl. 5,5 (Fakhry Nr. 13, Pl. XVII B, XVIII, Geukens-Pirenne, *Paléogr. I*, Pl. XIIIe'. Erhaltener Textteil wie (1). (6) Gl 1640 (*Samml. Glaser VI*, 1969, S. 21, Taf. VI). (7) Gl 1530, Pir., *Paléogr. I*, Pl. XII a. Fakhry 23 (Pl. V,1) ist nicht einzuordnen.

erweisen sich als gleichzeitig nebeneinander geschaffen und ihre Dukten als Varianten innerhalb e i n e r paläographischen Stufe. Die von J. Pirenne gegebene zeitliche Untergliederung ihrer Stufe B ist daher nicht möglich. Seit Yadaʿʾīl Ḏarīḥ wird ein Varieren der Buchstabenformen nach mehr oder weniger bestimmten Regeln zugelassen. Wie z.T. schon vorher wird dem R die Freiheit gegeben, breiter zu sein als die anderen Buchstaben und sich dem Halbkreis zu nähern. Karib'īl Watar bin Ḏamarʿalī hatte im oberen Ǧauf (im oberen späteren Maʿīn) den aufrührerischen König von Našān schwer bestraft (RES 3945, 14-17). Ein großer Teil des Stadtterritoriums wurde diesem abgenommen. Die Gebiete südlich des Flusses wurden dem sabäischen Staat ('Almaqah und Saba') übergeben und als sabäische Vogtei eingerichtet. Die ansehnlichste Ortschaft darin, Našq^{m}, wurde als Zentrum der Vogtei ausgebaut und als Zwingburg ummauert. Sumuhuʿalī Yanūf bin Yadaʿʾīl Ḏarīḥ (um etwa 645) baute sich dort wohl ein Schloß (CIH 636). Etwa 590 v.Chr. gab Yadaʿʾīl Bayyin bin Yiṯaʿʾamar Watar der Vogteistadt eine neue Mauer. Diese umgürtete er durch eine relativ grob gearbeitete

Abb. 6. CIH 634. Stücke aus drei Versionen. Oben rechts Gl A 698 (mittlerer Index 1/2,8); oben links Gl A 419'c (Höhe 21 cm; mittlerer Index 1/4); unten Gl A 419'a,b,d (Höhe 19-20 cm; mittlerer Index 1/4,7). « Symbol. Yadaʿʾīl Bayyin bin Yiṯaʿʾamar Watar ummauert Našq^{m}. Etwa um 590 v.Chr. Symbol.»

Inschrift (CIH 634) von etwa 4,80 m Länge und 20 cm Höhe [39], die die Ummauerung seiner Stadt verkündete (*gn'/hgrhw/nšqm*). Man kennt Bruchstücke von wenigstens 19 Exemplaren dieser Inschrift [40].

39 Bruchstücke von CIH 634 = Gl 1467 sind auf Abb. 6 dargestellt, und zwar in drei Exemplaren, als Glaser-Abklatsche: Gl A 419'a,b,d: Höhe 19-20 cm, mittlerer Br.-H.-Index 1/4 (R 1/3,4, sonst 1/3,8 bis 1/4,3); Gl A 419'c: Höhe 21 cm, Index-Mittel 1/4,7 (R 1/3,5, sonst 1/4,7 bis 1/5,2); Gl A 698: Index-Mittel 1/2,8 (ʿAyn 1/2 [Zeilenhöhe], sonst 1/2,7 bis 1/3,5). Die wenigen Beispiele zeigen, daß die Ausführung und die Sorgfalt des Duktus sehr unterschiedlich, z.T. grob war.

40 J. Halévy, *Inscriptions Sabéennes, El-Beydhâ*; Journal Asiatique, 6e sér., XIX, 1872, S. 80 ff., 189-200. Vgl. H. v. Wißmann, *Al-Barīra in Ǧirdān im Vergleich mit anderen Stadtfestungen Alt-Südarabiens*. Le Muséon 75, 1962, S. 193 f. A. Grjaznewitsch, *Polewye Issledowaniya w Jemene w 1970-71*, Ak. Nauk., Institut Wostokowedeniya Leningradskoe Otdeleniye. Pismeniye Pamyatniki i problemi istorii i kulturi Narodow Wostoka, 11. Golitschnaya Nautschnaya Sessiya lo iw an SSSR, Drewnaya Arabia 1973, S. 11 f. Da J. Halévy nur durch H. Habshush Nachrichten über Našq erhielt, sowie Abschriften von Inschriften von dort, und da E. Glaser die Abklatsche nur von Einheimischen

Der Nachfolger und wohl Bruder von Yada''īl Bayyin bin Yiṯa''amar, Karib'īl Bayyin bin Yiṯa''amar, erweitert das Glacis von Našq^{m} (CIH 637); Ḏamar'alī Watar bin Karib'īl bestätigt diese Erweiterung (vgl. mein *Sab. u. Aelius Gallus* [Anm. *] und hier die Tafel S. 20). Ḏamar'alī regierte etwa 560 v.Chr.
Aus dieser ganzen Zeit, seit dem Ende des 8. Jh. v.Chr., kennen wir keine Inschrift über das Bauen an der Mauer von Maryab, wobei wir bedenken müssen, daß dort nie archäologisch ausgegraben wurde. Erst der Bericht von RES 3943, 4 = Gl 418+419 [41] meldet kurz : « und als er (die) zwei Tore von Maryab baute (*bny/ ḫlfy/mryb*) und die Mauer von Maryab mit Türmen aus Balaq-Kalkstein ausstattete (*wgn'[/]mryb/mḥfdt/blqm*) ». Es fehlt der Anfang dieses großen Tatenberichts, mit dem Namen des Herrschers, der ihn verlautbarte; und im erhaltenen Teil der Inschrift nennt sich der Herrscher nicht mit Namen [42]. Seit ich erkannte, daß die großen Tatenberichte des Karib'īl Watar bin Ḏamar'alī, RES 3945 und 3946, zu dem frühen Herrscher des 7. Jh. v.Chr. als dem einzigen dieses Namens gehören, besteht für mich kein Grund mehr, die plausible Identifizierung des Herrschers, der RES 3943 kundgab, mit Yiṯa''amar Bayyin bin Sumuhu'alī

---

erhielt, scheint A. Grjaznewitsch der erste europäische Forscher gewesen zu sein, der nach eigener Anschauung Nachrichten von Našq brachte. Nach ihm hat die Mauer von Našq eine ovale Form. Da ich diese als rechteckig annahm und die Ausmaße von Našq nach Halévy die Durchmesser von 300 zu 310 m haben, ist der Wert bei mir (etwa 9,3 ha) zu groß. Vgl. S. D. Goitein, *Travels in Yemen by Hayyim Habshush*, Univ. Jerusalem 1941. — Wie in der Našq^{m}-Inschrift CIH 636 des Sumuhu'alī Yanūf bin Yada''īl Ḏarīḥ (s. oben) wird auch in CIH 634, der Mauerbau-Inschrift von Našq^{m}, ein M verwandt, das sich dann erst in der paläographischen Stufe III durchsetzt, das aber schon hier und da in der Übergangsstufe zwischen I und II zu finden ist, z.B. in Gl. 1559 (s. Anm. 12a). Es ist das M, bei dem sich die beiden am Schaft übereinanderstehenden Dreiecke gegeneinander ein wenig öffnen. sodaß ihre Schenkel zu einer dreifach geknickten Linie werden, die nur an dem oberen und unteren Ende in den Schaft mündet. Dies mag sich in der unbekannten Kursivschrift früher eingeführt haben als in der Steinmetzschrift. J. Pirenne rechnet CIH 636 zu ihrem B_3' (*Paléogr. I*, Pl. XIX c u. Tableau 3), CIH 634 aber zu ihrem C_1a monumental (Pl. XX c u. Tableau 4). Für CIH 634 nimmt sie spitzwinklige N an. Im Abklatsch Gl A 419 'd ist nicht erkennbar, ob dies so ist, wohl aber im Abklatsch Gl A 698, wo das N deutlich rechtwinklig ist. Daher müßte J. Pirenne CIH 634 in dieselbe Gruppe stellen wie CIH 636, in ihre Stufe B. Dadurch würde auf ihrer Klapptafel Yada''īl Bayyin bin Yiṯa''amar Watar, Mukarrib von Saba', aus der Zeit der « Könige » von Saba' zeitlich in die Periode der Mukarribe von Saba' zurückzustellen sein, und es gäbe auch bei ihr in Saba' keine Vermischung zwischen Mukarriben und Königen (vgl. J. Pirenne, *Paléogr. I*, S. 190, vor allem aber die Klapptafel). Auch bei ihr würde die Mukarrib-Zeit von Saba' streng von der Königs-Zeit von Saba' geschieden sein, und manche ihrer Gedankengänge wären hinfällig.

41 N. Rhodokanakis, *Altsabäische Texte I* (s. Anm. 22), S. 6, 11.

42 In *Zur Geschichte* (s. Anm. 12), 1964, hatte ich die Inschrift RES 3943 zu Karib'īl Watar bin Ḏamar'alī als letztem Mukarrib von Saba' gestellt (Geschichtstafel sowie S. 39, 81, 107, Anm. 93, S. 159). In *Zur Archäologie* (s. Anm. 20, 1968, S. 7), hatte ich auf Karib'īl Watar bin Ḏamar'alī als letzten Mukarrib einen Sumuhu'alī und einen Yada''īl Bayyin folgen lassen und zu letzterem RES 3943 gestellt. Man vergleiche dort. Ich war mir sicher, daß die in RES 3943 beschriebenen Geschehnisse sich später zutrugen als die unter Karib'īl Watar bin Ḏamar'alī.

Yanūf anzunehmen, wie sie von E. Glaser, F. Hommel, A. Jamme und J. Garbini [43] vertreten wird, dem Vollender des südlichen Schleusensystems des Dammes von Maryab. Dieses Werk bezeugt der Mukarrib durch die dortige zweifache Felsinschrift CIH 622. In dieser heißt es (Z. 2) : *mḫḏ/blq/m'ḫḏn/ḥbbḏ/mnḫy/ysrn*; « (er) hieb aus die (Fels-)Öffnung des Speicherkanals ḤBBḎ in Richtung auf Yasrān (die Süd-Oase) ». In RES 3943 wird das in CIH 622 Gemeldete eingehender ausgeführt. In RES 3943, Z. 5 heißt es : *ywm/mḫḏ/blq/m'ḫḏn/ḥbḏḏ/wmḫḏ/blq/mzf/m'ḫḏn/rḥbm/ḏnsr/blq/mnḫy/ysrn*, « als er aushieb die (Fels-)Öffnung des Speicherkanals ḤBḎḎ und aushieb die (Fels-)Öffnung zum Überlaufbecken (?) des Speicherkanals RḤBm, der sich nahe der (Fels-)Öffnung zum Kanalsystem von Yasrān befindet ». Hier ist ḤBḎḎ Steinmetzfehler für ḤBBḎ (s. Anm. 44). Den Speicherkanal RḤBm hatte der Vater des Yiṯa''amar Bayyin, Sumuhu'alī Yanūf bin Ḏamar'alī durch den anstehenden Fels meißeln lassen (CIH 623). Vgl. S. 47f.

Es wurde auf S. 6f gezeigt, daß die paläographisch erreichbaren Inschriften von Yiṯa''amar Bayyin bin Sumuhu'alī Yanūf (CIH 622 als Gl 514 [Phot. F. Geukens] und Gl 558+557 = RES 4431) nach ihrem der Stufe II angehörenden Duktus gut zu trennen sind von den paläographisch bekannten Inschriften des Yiṯa''amar

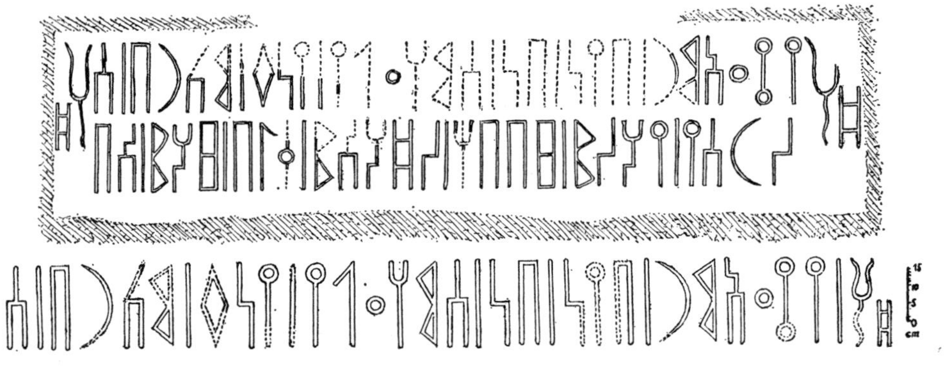

Abb. 7. Oben : Felsinschrift des YṮ''MR BYN bin SMH'LY YNF an der Südschleuse des Dammes von Maryab CIH 622a als GI 514 nach Photo von F. Geukens. — Unten : RES 4431 = Gl 558+557 = Gl A 739, a-e der Nordschleuse des Dammes, nicht in situ. Buchstabenhöhe : 24 cm. « Symbol; Yiṯa'-'amar B[ayy]in bin Sumuhu'alī Yan[ūf], Mukarrib von Sa[ba', baute dies (banī ? ;) Symbol] ».

[43] E. Glaser bei A. Grohmann, *Katabānische Herrscherreihen*, Anz. Ak. Wiss., Wien 1916, S. 41-69; F. Hommel, in : *Handbuch der altarabischen Altertumskunde I*, Kopenhagen 1927, S. 80; A. Jamme, *Paléographie de J. Pirenne*, Washington 1957, S. 161; J. Garbini, *Un nuovo documento per la storia dell'antico Yemen*, Oriens Antiquus XII, 1973, S. 152-162. (Ähnlich J. Pirenne, *Paléogr. I*, S. 47 f.), Dagegen z.B. K. Mlaker, in : WZKM 41, 1934, S. 99 f.; ders., *Hierodulenlisten* (s. Anm. 23), S. 109. Anm. 23; A. Grohmann, in : *Realenc. d. class. Altertumswiss.*, Suppl. 6, 1935, S. 487; J. Ryckmans, *L'Institution* (s. Anm. 23), S. 76.

Bayyin bin Sumuhuʿalī (wohl Ḏarīḥ) der Übergangsstufe von I zu II. Über die Inschriften des Yiṯaʿʾamar Bayyin bin Sumuhuʿalī Yanūf gibt die Anmerkung 44 Auskunft. Man kennt von ihm außer RES 3943 nur Inschriften über Maryab und seine Oase. Erstens ist es die doppelt angebrachte Felsinschrift an der Südschleuse des Dammes, CIH 622 (Gl 525 und 514), die über die Vollendung dieses mühsamen großen Werks berichtet, das sein Vater schon begonnen und in Betrieb gesetzt hatte; erst jetzt wurde wohl auch der große Damm errichtet, da erst durch dieses Schleusenwerk seine Funktion ermöglicht wurde, beide Oasenhälften, ʾAbyan und Yasrān, zu bewässern. Die zweite Inschrift, Gl 558+557 = RES 4431, mag einen Bau an der Nordschleuse melden (Abb. 7b). Drittens sind eine Reihe von Inschriften bekannt, welche Wiederholungen einer einzigen Monumentalinschrift sein mögen, die wohl über einen großen Bau in der Stadt, vielleicht ein Herrscherschloß, berichten. Auch RES 4431 könnte zu dieser Serie gehören [44].

Auch der lange Tatenbericht RES 3943 = Gl 418/19, den E. Glaser in Maryab bei einer großen Ruine fand, reiht sich unter die Varianten ein, die seit Yadaʿīl Ḏarīḥ gebräuchlich wurden (S. 9f. 13). Sein Duktus unterscheidet sich vom klas-

---

[44] CIH 622. Es wurde in zwei Exemplaren in den Fels gemeißelt, Gl 525 und Gl 514. In E. Glaser, *Reise nach Mârib* (s. Anm. 18) ist auf dem losen Blatt 5 eine Zeichnung der Süd-Schleuse nach E. Glaser als Marbaṭ ed-dimm zu finden. Mein unveröffentlichtes Manuskript über Süd-Schleuse und Damm müßte überarbeitet werden. Nur Gl 523 ist im Bild bekannt, einem Photo von F. Geukens bei J. Pirenne, *Paléogr. I*, Pl. XVIIIa. In Gl 523 ist nur die Einteilung der Buchstaben auf die Zeilen anders als in dem im Text veröffentlichten Gl 525. Das Photo von F. Geukens zeigt deutlich *[ḫ]bbḏ*. Daher muß entgegen der Ansicht von J. Pirenne *ḫbḏḏ* in RES 3943, Z. 5 ein Steinmetzfehler sein. In Gl 523 ist der mittlere Index etwa 1/4,5, der Index eines der R aber 1/2,2. Die meisten Dreiecke des *M* sind mit den Spitzen voneinander fort gespreizt. Die Höhen der Sockel von *K*, *S* und *ʾAlif* betragen um 1/2 der Buchstabenhöhe oder wenig mehr. Frau Prof. Dr. Höfner sandte mir die Abklatschphotos von RES 4431 = Gl 558+557, Gl A 739 a-e zu. Ihre Pause wurde hier verkleinert in Abb. 7b wiedergegeben. (Bei J. Pirenne [ebd., Pl. XVIIIb] werden nur 5 Buchstaben gezeigt.) Index der Buchstaben ohne R im Mittel 1/4,6 (1/4,3-1/4,8), R 1/2,8. Buchstabenhöhe 24 cm. M stark gespreizt, die Sockelhöhe von *K*, *S* und *ʾAlif* wenig mehr als die Hälfte der Buchstabenhöhe. Folgende Inschriften, von denen keine Photos oder Abklatsche bekannt sind, stammen wohl insgesamt von einem großen Gebäude aus Maryab. Es waren wohl wenigstens 5 gleichlautende Inschriften : « Symbol/Yiṯaʿʾamar Bayyin bin Sumuhuʿalī Yanūf, Mukarrib von Sabaʾ baute (dies)/Symbol »

(a) CIH 629 = Gl 696 Symbol/*yṯʿʾmr/byn/bn/smhʿly/ynf/mkrb/sbʾ/bny*/Symbol/ (Maryab, Westmauer)

(b) RES 2680 = Fresnel 49 *byn/bn/smhʿly/ynf/mkr* (Maryab)

(c) Fakhry 111 *ʾmr/byn/bn/smhʿly/ynf/mk* (Maryab)

(d) Gl 670+675+668+674 *r/byn/b mhʿly/ynf/m|krb/sb|ʾ/bny* (Friedhof westl. v. Maryab)

(e) Gl 568+570 (RES 4432) *ʿʾmr/b|yn* (Maryab)

(f) Gl 639 (RES 4474) *mhʿly/ynf/mkr* (Friedhof westl. v. Maryab)

Auch das paläographisch bekannte RES 4431 = Gl 558+557 mag zu dieser Serie gehören und zur Nordschleuse verschleppt worden sein (s. oben):

(g) RES 4431 Symbol/*yṯʿʾmr/b[y]n/bn/smhʿly/yn[f]/mkrb/s*

sischen Duktus, dem sich die großen Berichte des Karib'īl Watar bin Ḏamar''alī annähern [45], nicht stark.

In meiner neuen Herrscherliste ist Yiṯa''amar Bayyin bin Sumuhu'alī Yanūf der letzte « Mukarrib », der letzte von welchem (in einer von ihm selbst gesetzten Inschrift) der Mukarrib-Titel bekannt ist.

Zwei Fakten ermutigten mich, die Herrscherreihe von Saba' neu zu bearbeiten. Von Bedeutung ist einerseits das zur paläographischen Stufe I gehörige Monogramm eines Krugs, der bei der Ausgrabung von Hagar bin Ḥumayd [46] zeitlich grob festgelegt werden konnte. Denn oberhalb liegende Holzkohle lieferte nach der Radiokarbon-Methode bei zwei Untersuchungen ein Datum zwischen rd. 900 und 700 v.Chr. Danach fällt der Krug mit dem Monogramm auf die Zeit zwischen 1000 und 800 v.Chr. Andere Indizien deuten darauf, daß er eher in das Ende dieser Zeit einzureihen ist.

Andererseits glückte es, einen großen Komplex von Felsinschriften, Gl 1703+1705a,b+1711+1706 (1704)+1710+1709 zu einem Stammbaum von 12 Generationen zusammenzuschließen [47]. Die Männer des Stammbaums aus der Sippe ḏū-Šaqrān ḏū-Ḫalīl nennen sich *mwd*, « Freund », von Herrschern, deren ersten Namen sie nennen. In einem der beiden Zweige der Sippe, die in diesem Stamm-

[45] In Gl 418/19 = RES 3943 sind gegenüber Gl 3945 des Karib'īl Watar bin Ḏamar'alī die Buchstaben meist etwas schlanker (Index 1/2,9 bis 1/3,5) bis auf das *R*, das breiter ist (Index 1,2); beim *M* ist das obere Dreieck oft gleichschenklig, das untere leicht von der Mitte fort gespreizt, wie dies auch bei Gl 514 von CIH 622 zumeist der Fall ist. Die Abstände zwischen den Zeichen betragen nicht (wie bei Karib'īl) die halbe, sondern etwa die ganze Buchstabenbreite (wie bei RES 4431). J. Pirenne, *Paléogr. I.* Pl. XV c u. S. 129, 135, stellt RES 3943 zu ihrer Gruppe B_4. Zur Paläographie von RES 3943 und 3945 u. 3946 vergleiche man A. Jamme, *La paléographie de J. Pirenne*, Washington 1957, S. 91 f. und 131 f. über den Index. Für RES 3943 erhielt er als Teilergebnis einen Index von 1/2,9, für *R* 1/2 (Halbkreis), von denen beide zu breit sind (s. oben); für RES 3945 für herausgegriffene Stücke ein Indexmittel von 1/2,7, für RES 3946 in einer Gruppe 1/3, in einer anderen 1/2,6; die Unterschiede innerhalb jeder Inschrift beruhen hauptsächlich darauf, daß die Zeilenhöhe verschieden ist, während die Buchstaben dieselbe Breite beibehalten.

[46] G. Van Beek, *A Radiocarbon Date for Early South Arabia*, BASOR Nr. 143, Oct. 1956, S. 6-9; ders., *Hajar bin Ḥumeid*, Baltimore 1969, Johns Hopkins Press, S. 250, 266a, 336b, 552, Tafeln bei S. 355, 364 f.; darin: A. Jamme, *Inscriptions*, S. 331-353. J. Ryckmans, Besprechung dieses Buchs in BiOr. XXIX, 1972, S. 237. Vgl. H.v. Wißmann, *Sab. u. Aelius Gallus* (Anm. *).

[47] Einen Großteil von Gl 1703 mit dem einen Zweig des Stammbaums kannte schon K. Mlaker, *Hierodulenlisten* 1943 (s. Anm. 23), S. 78 f., und baute sie in seine Herrscherliste ein. A. G. Lundin, *Eponymenliste* 1965 (s. Anm. 5) behandelt Gl 1703 neu, ergänzt um Gl 1705a,b, 1711, 1706a,b,c,d und 1709, auf S. 41, 45 f. (chronol. Tafel S. 94 f.). Eine zweite gründliche Bearbeitung desselben Materials unternahm A. Jamme, *Les listes onomastiques Sabéennes*, Catholic Univ. Press, Washington 1966, S. 124-134, 147-151, Pl. 2. In einer weiteren Bearbeitung des gesamten Materials konnte ich einen engen Zusammenschluß zu einem einzigen Stammbaum herausfinden. Dies wurde in *Sab. u. Aelius Gallus* niedergelegt (s. Anm. *). 1975 fanden A. Jamme und dann Ch. Robin den Stammbaum, den man bis dahin nur in den Abklatschen kannte, die E. Glaser gesandt worden waren. Ch. Robin stellte mir gütigst die Telephotos zur Verfügung. Nach diesen wurde die hier im Anhang gegebene Abb. 12 (S. 38) korrigiert, auf den Seiten 51-53 und der Abbildungen 12a und b.

baum verfolgt werden, sind die Herrschernamen bis zum Schluß erhalten geblieben, sodaß man auf 12 Generationen des Stammbaums Herrschernamen, wenn auch ohne Bei- und Vaternamen, kennt. Eine auf andere Weise zusammengestellte Reihe von Mukarriben von Saba', die in vielem mit derjenigen von K. Mlaker [48] zusammenpaßt, läßt sich mit den ersten 9 Generationen des Stammbaums zusammenfügen. Stammbaum und Übersetzung werden auf S. 38f (Abb. 12) gebracht die Korrekturen durch den Fund 1975 (vgl. Anm. 47) auf S. 51-53.
Es folgt nun eine Übersicht über die Herrscherreihe bis 300 v.Chr. nach meinen jetzigen Arbeiten. Die jeweiligen Inschriften sind nicht sämtlich genannt worden. Die Zahlen in Klammern sind angenäherte Kennzahlen v. Chr., die Zahlen ohne Klammern historisch gesichert. Die Generationen des Grossen Stammbaums werden hervorgehoben. B. bedeutet die Bundesschließungsformel, V. die Versammlungsformel. Diese reichen bis zu den Kennzahlen (665) und (645) v.Chr.

Paläographische Stufe I.

10. (9.) Jh.	Krug-Monogramm von Hagar bin Ḥumayd
9. (8.) Jh.	Radiokarbon-Messungen von Hagar bin Ḥumayd
—	..., Mukarrib von Saba' *V.*, *B.* (Lundin 16 + CIH 367)
(775)	Karib'īl; Gl 1686; Gr. Komplex
(755)	Yada''īl Yanūf bin Karib'īl (Gl 1561; Gl 1719+1717+1718)

Paläographische Zwischenstufe I bis II.

(740)	Sumuhu'alī Ḏarīḥ bin Yada''īl (Ja 540; RES 4635 = Ja 538) wohl als Prinzregent, vor 715 als Mukarrib, Gl 1780.
(720)	Yada''īl (Yanūf bin Karib'īl) als alter Mann

Stammbaum I. Gen.

715	Yiṯa''amar Bayyin bin Sumuhu'alī I., Tribut an Sargon II. Erbaut 'Ararāt^{m} und baut an der Mauer von Maryab (Bastion ḤWKW) (Garbini MM). Gr. Komplex *B.*
(708)	Ḏamar'alī (Yiṯ. wa Ḏam. wa Kar.). Großer Komplex.
(695)	Karib'īl Watar bin Ḏamar'alī ('Ararāt^{m}, KTL^{m}, Ja 541). *B.* Gr. Komplex.

Stammbaum II. Gen.

Paläographische Stufe II.

685	Karib'īl Watar bin Ḏamar'alī. Geschenke an Sanherib. Tatenberichte RES 3945, 3946; Ry 586 u.a. *B.*, *B.*, *B.*, *V.*
(675)	Sumuhu'alī (Gl 1762f.). Er und sein Vorgänger im Gr. Komplex.

[48] K. Mlaker, *Hierodulenlisten* 1943 (s. Anm. 23), S. 76 f. u. 108 f. Man vergleiche die Nummern 1 bis 3 und 7 bis 10 mit der Reihenfolge in meiner neuen Aufstellung.

Für die Zeit von (665) bis (450) wurden die Korrekturen eingetragen, die sich aus dem Nachtrag S. 51-53 ergeben.

Paläographische Stufe II mit monumentalen Varianten (besonders einem gespreizten M)

(665) Yada''īl Ḏarīḥ bin Sumuhu'alī, großer Tempelbauer (RES 3949, 3950; CIH 957, CIH 366, 5 mal; Gl. 1122+1116+1120 u. Dubl.). *B.*, *B.*, *B.*, *B.*, *B.*, *B.*
Yakrubmalik: Stammbaum III. Gen.

(645) Sumuhu'alī Yanūf bīn Yada''īl Ḏarīḥ (Ry 585; RES 4814), CIH 636). V. Stammbaum IV. Gen.

(625) Ḏamar'alī (Ḏarīḥ bin Yada''īl) (CIH 979)
Stammbaum V. Gen.

(605) Yiṯa''amar (Watar)
Stammbaum VI. Gen.

(590) Yada''īl Bayyin bin Yiṯa''amar Watar (CIH 634, ummauert Našq^{m})

(580) Karib'īl Bayyin bin Yiṯa''amar (CIH 632, 637, 627) Gl 1703, 1705 Stammbaum VII. Gen.

(560) Ḏamar'alī Watar bin Karib'īl (CIH 610; RES 4401)

(545) Sumuhu'alī Yanūf bin Ḏamar'alī (CIH 623; RES 4566)[48a]
Stammbaum VIII. bis IX. Gen. Gl 1703, 1705

(525) Yiṯa''amar Bayyin bin Sumuhu'alī II. Yanūf (CIH 622, RES 4431, RES 3943, Tatenbericht) Gl 1711
Stammbaum IX. Gen.

Paläographische Stufe II: Herrscher mit unbekanntem Titel

(495) Karib'īl (Gl 1706a,b = Gl 1704,0, u. 1704,a)
Stammbaum IX. bis X. Gen.

(475) Yada''īl (Gl 1703,12 = 1706c; Gl 1706d, 1709; Gl 1704b, 1710a,b; CIH 967) Stammbaum XI. bis XII. Gen.

Paläographische Zwischenstufe II bis III (s. CIH 967 = Gl 1752, Duktus; Abb. 8)

(470) Yiṯa''amar (Gl 1703,12 = 1706c; Gl 1706d, 1709; 1704b, 1710a,b; CIH 967) Stammbaum XI. bis XII. Gen.

(450) Karib'īl (Gl 1709, 1710b); (RES 4519, 3087, 4226, CIH 967)
Stammbaum XII. (XIII.) Gen.

48a Vgl. auch S. 43 unten.

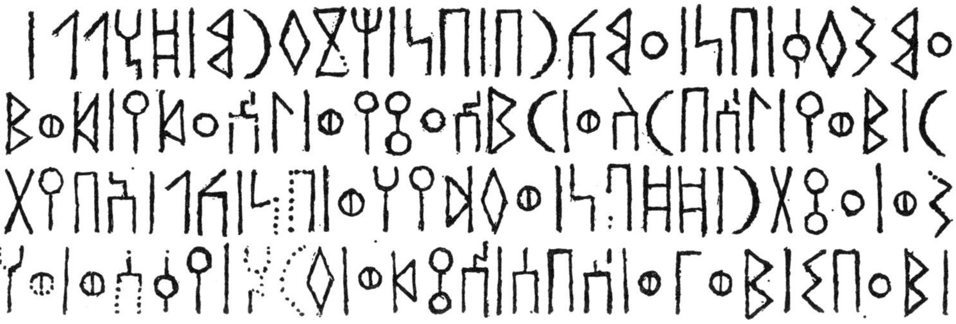

Abb. 8. CIH 967 = Gl 1752. Bustrophedon. Paläographische Übergangsstufe II bis III (Index-Mittel 1/2,8): Spitzwinklig sind 3 von 4 *N*, 4 von 6 *'Alif*-Henkeln, 1 *Ḫ*; von den 7 *M* ist 1 « offen », in 3 berührt die Linie den Schaft in der Mitte, ohne dort mit diesem zu verschmelzen. (Form des *D* ist meist wie in Stufe I). N. Rhodokanakis, *Katab. Texte z. Bodenwirtsch. II*, Ak. Wiss. Wien, phil.-hist. Kl., Sitzungsber. Bd. 198,2, 1922, S. 53; A. G. Lundin (s. Anm. 5) Taf. XXVI; J. Pirenne, (s. Anm. *) Pl. XVb, Teil, dort « Stufe B⁴ ». Vgl. A. Jamme, *Les Listes onom. Sab. I* (s. Anm. 23), S. 114; ders., *Sabaean Onom. Lists II* (s. Anm. 5), S. 398; W. W. Müller, *Die Wurzeln Mediae u. Tertiae Y/W* (s. Anm. 18), S. 89 (fdy). — « 'Ammšafaq bin 'Ammkarib, Sippe Ḥazfar^{m}, (Obersippe) dū-Ḫalīl, Freund des Yada''il und Yiṯa''amar und Karib'il, (schrieb dies), als er als Priester diente dem 'Aṯtar ḏū-Ḏībān und diesem (Gott) aus allen seinen Tempeln das Löseopfer darbrachte, und als dieser tränkte im Herbst und Frühjahr Saba' und Gau^{m} bis zur Sättigung ». Es gehört zu den Kennzahlen (475), (470) und (450) v.Chr.

(430)	Sumuhu'alī (RES 4226, 3657, 4438, 4519)
(425)	Yada''īl (RES 4519; Ja 831, 832)
(420)	Yiṯa''amar (Ja 832; CIH 418, Gl. 1131 + 1132 + 1133)

Daß in der Zeit nach Yiṯa''amar Bayyin bin Sumuhu'alī Yanūf auf lange Dauer keine vom Herrscher gesetzte Inschrift bekannt ist, ist verwunderlich. Sollten die Herrscher in starke Abhängigkeit von Sippenhäuptern oder Ministern geraten sein? Man vergleiche Strabo, *Geographica* XVI, IV,19 (überliefert über Agatharchides und Artemidor aus früherer Zeit) über die Stellung des Königs bei den Sabäern [48b].

Paläographische Stufe III

Erster Teil der « Könige von Saba' »

In der folgenden Zeit [seit (415) v.Chr.] brach Saba' als Großreich zusammen. Die Qatabāner und auch die Minäer engten das sabäische Gebiet stark ein. Diese und Ḥaḍramaut, die Vasallen Saba's gewesen waren, befreiten sich, führten gegen die Sabäer Krieg und schlugen sie auf einen engen Raum zurück. Die Minäer wurden statt der Sabäer Herren der Weihrauchstraße zum Mittelmeer

[48b] Vgl. S. 47 und Wißmann, *Sab. u. Aelius Gallus*, Kap. V, 5; ders., *Frühe Gesch.*, S. 99.

und der Handelskolonie Dedan im Nordwesten Arabiens. Die Grenze von Qatabān lag wenig später nur noch 25 km von der Sabäerhauptstadt Maryab entfernt, die der Minäer etwa 40 km. Man hört zwar von großen Männern, die als « Minister » (*qyn*) oder « Diener » (*ʿbd*) der Könige das Land verteidigten und das mächtige Mauerrund der « Fliehburg » des ʾAwwām-Tempels gegenüber von Maryab erhöhten, aber man hört nichts von der Befestigung der Stadt. Einer von ihnen, der vier Herrschern nacheinander als Qayn diente, nennt sich auch « *qyn/mryb* », Qayn von Maryab (Ja 555; A. Jamme, *Sab. Inscr.*, vgl. Anm. 35). Da in Maryab nicht archäologisch gegraben wurde, ist man ganz auf Zufallsfunde angewiesen. Es ist hier nicht möglich, die Lage des Sabäerreichs in den ersten Jahrhunderten der « Könige von Sabaʾ » zu verfolgen. Erstaunlich ist wiederum, daß erst aus einer Zeit der Bericht von einem Mauerbau von Maryab auf uns gekommen ist, als Sabaʾ im Begriff stand, sich aus der furchtbaren Zange zwischen Qatabān und Maʿīn dadurch zu befreien, daß es Maʿīn, das ganze Kernland des großen Minäerreichs, eroberte, um (120) v.Chr. (s. S. 33).

Die ersten drei Herrscher stehen nach RES 3858 im Krieg gegen Qatabān unter Yadaʿʾab Yagul bin Ḏamarʿalī und verlieren an diesen im Süden große Gebiete. Doch ist nach RES 4089 der Norden (Nagrān) unter den beiden ersten noch eng mit Sabaʾ verbunden. (RES 4089 trägt noch Zeichen der vorhergehenden Übergangsstufe.) Die Reihenfolge der neun ersten Herrscher ist gegeben durch Ja 552 (1),(2), Ja 557(1),(2),(3),(4),(5), Ja 555(3),(4),(5),(6),(7),(8) und Ja 550 = CIH 375 (6),(7),(8),(9), deren zeitliche Folge sich aus dem Einbau dieser Inschriften in der 13. Quaderlage (Abb. 5) der Mauer des ʾAwwām ergibt. Wann Maʿīn sich von Sabaʾ befreite, ist nicht genau erkennbar.

In der folgenden Geschichtstafel wurde die minäische Herrscherreihe fortgelassen. In Wißmann, *Sab. u. Aelius Gallus* (vgl. Anm. *) wird sie voll mitbehandelt.

(1) (415) Yadaʿʾīl Bayyin (Gl 1131+32+33; CIH 418; Ja 552; CIH 502; RES 4795, 3858; Ja 557; RES 4089). Krieg gegen Yadaʿʾab Yagul, Qatabān.

(2) (410) Sumuhuʿalī Yanūf (RES 4089; CIH 418; Ja 552 u. 553; CIH 563+956; RES 4795, 3858; CIH 363 ?, CIH 502, Ja 557)

(3) (390) Yiṯaʿʾamar Watar bin Sumuhuʿalī (CIH 502, 563+956; Ja 673; RES 3858; Ja 557, 555). Besiegt von Yadaʿʾab Yagul, Qatabān, und von Maʿīn.

(4) (380) Yakrubmalik Ḏarīḥ (Ja 557, 555). Maʿīn baut Königsstadt Qarnāwu.

(5) (370) Sumuhuʿalī Yanūf bin Yiṯaʿʾamar (CIH 631; Ja 557 u. 555). Minäer im Besitz der Weihrauchstraße.

(6) (360) Yadaʿʾīl Bayyin (Ja 555 u. Ja 550 = CIH 375)

(7) (355) Yakrubmalik Watar I. (Ja 555 u. Ja 550 = CIH 375; Vater in RES 3919)

(345) Friede mit dem besiegten Qatabān (Ja 550 = CIH 375)

343 RES 3022, unter ʾAbyadaʿ Yaṯaʿ von Maʿīn, beschreibt den Einbruch

des Artaxerxes in Ägypten des Jahres 343 v.Chr. Saba' ist erstarkt ("Herrscher des Südens").

(345) Etwa Regierungsbeginn des Yiṯa''amar Bayyin bin Yakrubmalik.

(8) (328) Etwa dessen Regierungsmitte (Ja 555 u. Ja 550 = CIH 375; RES 3919).

323 Anaxikrates erforscht, von Alexander gesandt, die Küste Arabiens.

(9) (310) Zu Beginn der Regierung des Karib'īl Watar bin Yiṯa''amar wird Ja 550 = CIH 375 gesetzt.

Beginn der Paläographischen Stufe IV.

(295) Regierungsmitte des Karib'īl Watar bin Yiṯa''amar (RES 3951; CIH 37; RES 4624; Gl 1209, 1210; CIH 126, 562).

Die Buchstaben der vierten paläographischen Stufe weichen stärker von denen der zweiten Stufe ab. Man kann von einer leichten « Verwilderung der Schrift » sprechen. Zeitgenosse des Karib'īl Watar bin Yiṯa''amar (295) war in Ma'īn wohl Ḫalkarib Ṣadiq bin 'Abyada', der den großen Tempel RṢF^{m} des 'Aṯtar ḏū-Qabḏ^{m} vor den Mauern von Qarnāwu, der minäischen Königsstadt, erbaute. Die Architrav-Inschrift dieses Tempels zeigt, daß sich die Könige von Ma'īn, da sie im Besitz der Weihrauchstraße und des Weihrauchhandels bis Ägypten und Griechenland waren, stolz als die Nachfolger der großen Mukarribe von Saba' des 8. bis 6. Jh. betrachteten. (Die Abschrift Gl 1312 nennt den Sohn des Ḫalkarib (285), König von Ma'īn.)

In der folgenden Tafel steht *S* für « König von Saba' », *M* für « König von Ma'īn ».

(270) *S* Yada''īl Bayyin bin Karib'īl Watar (CIH 126, 562)

(260) *M* 'Īlyafa' Yašur I. allein herrschend (RES 2869, 2813, 3341, 3355)

(250), (245) Derselbe mit je einem Sohn (a: RES 3021, Gl 1314; b: RES 2975)

(245) *S* Yakrubmalik Watar II. bin Yada''īl Bayyin (CIH 601 = RES 2726)

(225) *S* Ḏamar'alī Yanūf bin Yakrubmalik Watar (Fakhry 70, A. Fakhry las versehentlich « Mukarrib »)

Eratosthenes nennt die vier Staaten Südarabiens mit ihren Hauptstädten und beschreibt die Weihrauchstraße (Strabo XVI, IV, 768 f.).

(220) *M* Waqah'īl Nabiṭ (RES 2996, 3707), wohl 2. Sohn des 'Īlyafa' Yašur I.

(210) *S* Vater des Folgenden ohne Inschrift

(200) *S* Sumuhu'alī Ḏarīḥ bin Yiṯa''amar Bayyin (RES 3653, 3994, CIH 374 = Ja 551, vorletzte Inschrift der 13. Quaderlage der Ovalmauer des 'Awwām)

(200) *M* Lücke.

(175) *S* Karib'īl Bayyin bin Sumuhu'alī Ḏarīḥ, mit seinem Bruder 'Īlšaraḥ bin Sumuhu'alī Ḏarīḥ (Gl 1094 [s. hier die Abb. 11], Gl 1528 und die Ḥabāb-Inschriften [M. Höfner, *Inschriften aus Ṣirwāḥ I*, Österr. Akad. Wiss. phil.-hist. Kl., Sitzungsber. Bd. 291, 1, 1973]), Ja 558.

(175) *M* 'Īlyafa' Waqah, allein (RES 3307 [Abb. 11], 4834). Vgl. S. 33.

Seit Jahren stellte ich Fragmente zusammen, die Teile einer großen und sich in vielen Exemplaren wiederholenden Mauerbau-Inschrift sind. Und ich versuchte, möglichst viele Abklatsche oder Photos dieser Fragmente zu erlangen und zu pausen. Dabei leistete mir Frau Professor Dr. M. Höfner grosse Hilfe. Meine lange Liste sandte ich u.a. auch Herrn Kollegen A. G. Lundin. Dieser fand heraus, daß wohl nicht alle in der Liste gegebenen Fragmente aus derselben Inschrift stammen, sondern daß zwei von ihnen zur Mauerbau-Inschrift eines anderen Herrschers gehören, jedoch im übrigen denselben Wortlaut zeigen. Dies veröffentlichte er in einer Arbeit : « *Qui a bâti le mur de Marib ?* » [49]. Er machte das Zusammengehören zweier Fragmente mit RES 4452 = Gl 598 (A 697) wahrscheinlich, das eine, Gl 1110 (A 153), wegen derselben Buchstabenhöhe [50]. Das andere, von dem kein Abklatsch vorhanden ist, Gl 600, rechnet er deshalb hierher, weil E. Glaser annahm, es müsse mit Gl 598 zu derselben Inschrift gehören [51]. Wegen der Form des *Š* möchte ich auch Gl 537 = Fresnel 27 (vgl. CIH 626) in diese Gruppe stellen, das nach einer Photographie von de Bourbon-Condé bei J. Pirenne, *Le Royaume Sud-Arabe de Qatabān* (Bibl. du Muséon 48, Louvain 1961) bei S. 73 auf Pl. VIIb abgebildet ist, und von dem auch eine Photographie von F. Geukens vorhanden ist. Es ergibt sich folgende Inschrift :

[…/…/*mlk*/*sb*'/*b*]*n*/*yṯ*' '*mr*/*wt*[*r*/*g*]*n*'/*mryb*/*bšf*[*t*/*wm*'*d*/]'*ṯtr*/*whbs*/ [*w*'*lmqh*].

«[…/…, König von Saba', Soh]n des Yiṯa''amar Wat[ar umm]auerte Maryab, auf Weis[ung und mit Hilfe des] 'Aṯtar und des Haubas [und des 'Almaqah]».

Abb. 9. Bruchstücke von Exemplaren der Mauerbau-Inschrift von Maryab des Sohnes des Yiṯa''amar Watar, (a.) *n*/*yṯ*''*mr*/*wtr*, (c.) '*ṯtr*/*whbs*/ nach Kopien von E. Glasers Abklatschen von Gl 598 (RES 4452) und 1110, (b.) *n*'/*mryb*/*bsf* nach Photo von Graf Bourbon-Condé, ausgeliehen von J. Ryckmans (Gl 537).

---

49 Annali dell'Istituto Orientale di Napoli 31 (N.S. 21) 1971, S. 251-255.

50 H. Tschinkowitz, *Samml. E. Glaser VI*, Österr. Ak. Wiss. phil.-hist. Kl., Bd. 261,4, 1969, S. 9, Taf. III,b. In der großen Liste S. 27 heißt es HWBS, hier HBS.

51 K. Grebenz, *Kleine Fragmente aus Glasers Tagebuch XI*. WZKM 41, 1934, S. 79, *n*'/*mryb*/*bs*.

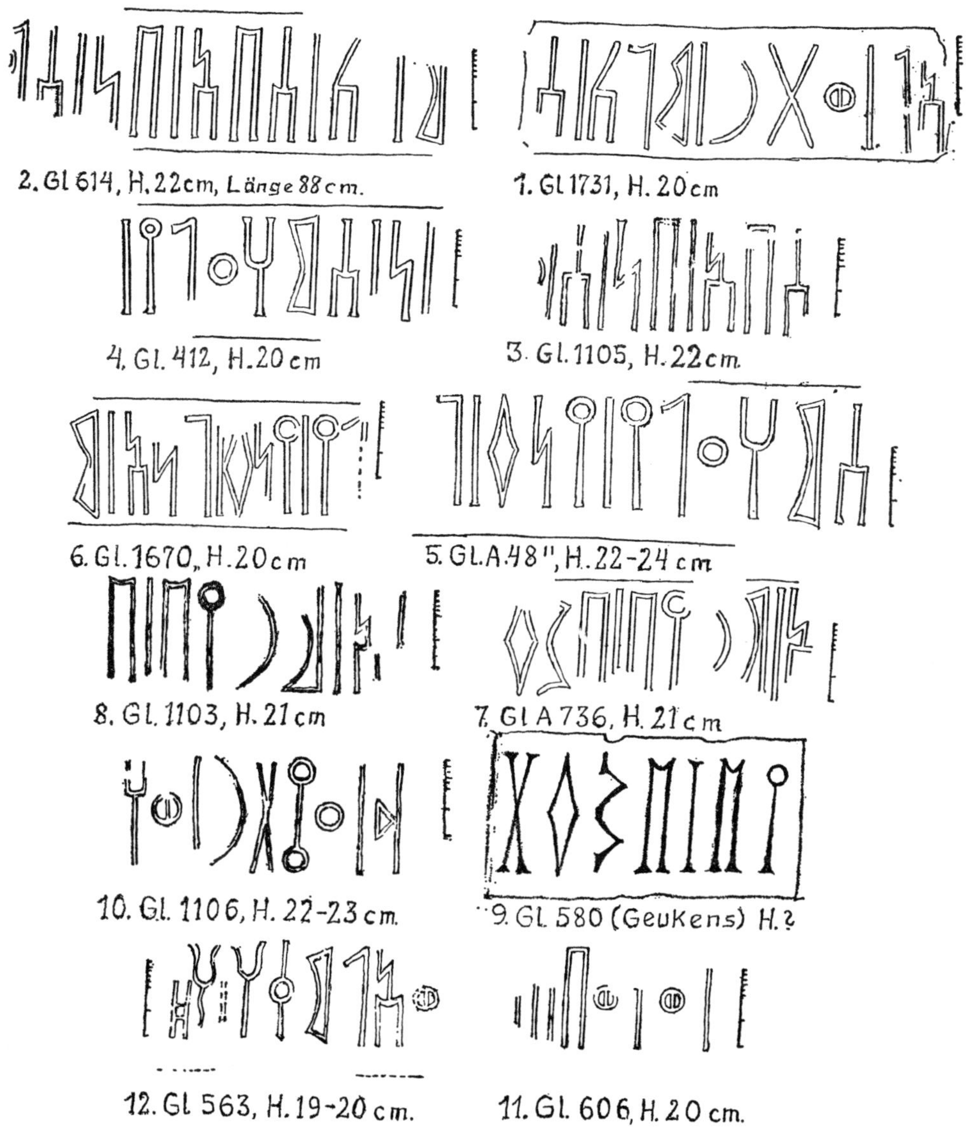

Abb. 10. Elf Bruchstücke von Exemplaren der Mauerbauinschrift von Maryab des Yadaʿʾīl Watar bin Sumuhuʿalī Yanūf nach Abklatschen von E. Glaser (mit Maßstab), und ein Bruchstück (Gl 580) eines Exemplares dieser Inschrift nach einen Photo von F. Geukens. Text auf S. 26 f.

Dies in mindestens doppelter Ausfertigung. Die Pausen von Gl 598 (A 697), Gl 537 = Bourbon-Condé und Gl 1110 (A 153) werden hier in der Abb. 9 gezeigt [52].

[52] Gl 598 und 600 stammen vom « unteren Ḥuṣn », einem Neubau etwa 1 km östlich der Nord-Schleuse des Dammes, Gl 537 von der Nord-Schleuse selbst, Gl 1110 von Qarn al-Muraytiḫ, weit westlich des Dammes. Siehe Seite 24.

A. G. Lundins Ergänzung des Anfangs, *smh'ly/ynf*, « Sumuhu'alī Yanūf », halte ich für zu gewagt. Sie ist möglich. Es ist nicht zu sagen, ob aus dem zweiten Teil der S. 27 gegebenen Liste auch etwa eines oder das andere der nicht im Bild bekannten Bruchstücke hierher gehören.
Die große Liste der Fragmente der folgenden zweiten, paläographisch ein wenig jüngeren Inschrift ist durch zwölf Abklatsche und ein Photo belegt. Diese werden in Pausen (auf denselben Maßstab gebracht [53]) auf Abb. 10 S. 25, vereinigt. (Von den Zeichen der Inschrift zeigen sie nur 11 nicht.) Bedenkt man, daß diese Fragmente zu mindestens neun (gleichlautenden) Inschriften gehören, so sind die Unterschiede der Buchstabenhöhe für gering zu halten, (19 bzw.) 20 bis 22 (bzw. 24) cm, gegenüber nur 16 cm bei Gl 598 und 1110 der soeben behandelten Inschrift des Sohnes des Yiṯa''amar Watar. Der volle Text ist beiderseits vom Symbol der Herrschersippe eingerahmt [54]. Er lautet :

Yd''l/wtr/mlk/sb'/bn/smh'ly/ynf/gn'/mryb/bšft/wm'd/'ṯtr/whwbs/ w'lmqh.

« Yada''īl Watar, König von Saba', bin Sumuhu'alī Yanūf, ummauerte Maryab, auf Weisung und mit Hilfe des 'Aṯtar und des Haubas und des 'Almaqah ».

Die Bruchstücke der Ummauerungs-Inschrift des Yada''īl Watar bin Sumuhu'alī Yanūf

Gl 744	Sy./*yd'*	Maryab, Stadt
Gl 545	Sy./*yd''l/wtr/m*	N.-Schleuse (CIH 731, Fresn. 33, Fakhry 40, Grohmann, Symbol Sprossen schräg)
Gl 610	Sy./*yd''l/wtr/m*	1 km östl. der N.-Schleuse (Fakhry Inscr. 74, RES 2669, Grohmann 3/4 Symbol, Fresn. 34)
Gl 796	*Sy./*yd''l/wtr/m*	Östl. v. Maryab
Gl 503	*Sy./*yd''l/*	Ḫašraǧ
Gl 564	*yd''l/wtr/m*	N.-Schleuse (Halévy 671)
Gl 444	*yd''l/w*	Maryab, Stadt (RES 4380)

[53] Außer Gl 580, das dem Photo von F. Geukens entnommen ist, das mir Prof. Dr. J. Ryckmans zur Verfügung stellte. Bei diesem fehlt ein Maßstab.

[54] Das Symbol, das A. Grohmann (*Göttersymbole* usw., Denkschr. Ak. Wiss. Wien, phil.-hist. Kl., Bd. 58,1, 1914, S. 19 ff.) « Blitzbündel und Doppelgriffel » nennt (vgl. M. Höfner, *Vorisl. Relig. Ar.* [s. Anm. 11, Ende], S. 296 ff.), halten E. Glaser (*Reise nach Mârib*, Ak. Wiss. Wien, Samml. E. Glaser I, 1913, S. 60 links oben), W. F. Albright (briefl.) und H. v. Wißmann (*De Mari Erythraeo*, Lautensach-Festschr., Stuttgarter geogr. Studien 69, 1957, Anm. 13b) für ein *Ḏ* und *Ḫ* der Großsippe Ḏū-Ḫalīl, zu welcher die Herrscher anscheinend gehörten. Die jüngsten mir bekannten Vorkommen finden sich in Gl A 452 (B. Schaffer, *Samml. E. Glaser VII*, Österr. Ak. Wiss., phil.-hist. Kl., Sitzungsber., Bd. 282, 1, 1972, [S. 53 u.] Taf. XI,22) des Halk'amar bin Karib'īl Watar Yuhan'im I. rechts oben (um 62 n.Chr.) und in Ry 544 (G. Ryckmans, *Inscriptions Sud-Arabes*, 15e sér., Le Muséon 70, 1957, S. 109 f., Pl. II), des Ḏamar'alī Ḏariḥ bin Karib'īl Watar [Yuhan'im] I. (um 90 n.Chr.). In der Spätzeit ist es auf die traditionelle Dynastie beschränkt.

Gl 762 *ʽʼl/wtr/mlk/sbʼ* Maryab (RES 4534)

Gl 1731 = 669 *ʼl/wtr/mlk/s* Maryab, Friedhof (RES 4495) •

Gl 710 *tr/mlk/s* südl. v. Maryab, Gebäude (RES 4512)

Fakhry 91 *r/mlk/sbʼ/bn/s* Maryab

Gl 616 *r/mlk/sbʼ/bn/s* 1 km östl. d. N.-Schleuse (RES 4460)

Gl 614 (Fakhry 45) *mlk/sbʼ/bn/sm* 1 km östl. d. N.-Schleuse (RES 4458) •

Gl 467 *lk/sbʼ/b* Maryab, Stadtmauer (RES 4395)

Gl 526 *sbʼ/bn* Westseite der Süd-Schleuse (RES 4418)

Gl 1105 *sbʼ/bn/sm* Qarn al-Muraytiḫ (s. Glaser VI) •

Gl 412 *bn/smhʽly/* N.-Schleuse (Fakhry 44; vgl. CIH 732) •

Gl A 48ʼʼ (CIH 774, Halévy 665) *smhʽly/ynf/g* Maryab, Friedhof •

Gl 414 *mhʽly/ynf/gn* N.-Schleuse (nicht CIH 875)

Gl 672 *mhʽly/y* Maryab, Friedhof (RES 4497)

Fakhry 92 (Fortsetz. v. Fakhry 91) *mhʽly/ynf/gnʼ/m* Maryab

Gl 445+583 *ʽly/ynf/gnʼ/m|ryb* Maryab

Gl 1670 *ly/ynf/gnʼ/m* Maryab •

Gl 589 *y/ynf/gnʼ/mr* Maryab

Fakhry, Inscr. 100 *ynf/gnʼ/mr* Maryab

Gl 1746 *nf/gnʼ* Fundort unbekannt •

Gl 751 *nʼ/mryb* Maryab

Gl 413 ? = A 736 (Fresn. 42 mit 1/2 T am Ende, s. CIH 626), N.-Schleuse *ʼ/mryb/bšf* •

Gl 634 Maryab, Friedhof *ʼ/mryb*

Gl 1103 Qarn al-Muraytiḫ (Samml. Glaser VI) *ʼ/mry/b* •

Gl 580 Phot. von Geukens zugesandt, Maryab *yb/bšft/* ⊗

Fakhry, Inscr. 61; N.-Schleuse *yb/bšft*

Gl 510 Ḥašrağ, Manṣaḥ *yb/bšf*

Gl 500 Weg vom Ḥašrağ nach Maryab *b/bšft/wmʽ(d)/ʼ*

Gl 427 Maryab *bšft/wmʽd/ʽṯ*

Gl 644 Ḥuṣn, westl. v. Maryab *wmʽd/ʽ*

Gl 671 (Fakhry 122) Maryab, Friedhof *ʽd/ʽṯtr*

Gl 1106 Ḫuraybat Raḥāba (Samml. Glaser VI) *d/ʽṯtr/wh* •

Gl 535 (RES 4422) 1 km östl. d. N.-Schleuse *ʽṯtr/whwbs/wʼ*

Gl 592 (RES 4447) Maryab *ṯtr/whwbs*

Fakhry 68, Maryab *r/whwbs*

Gl 606 (Gl A 57ʼ) (RES 4456) 1 km östl. d. N.-Schleuse */whwbs* •

Gl 604 (RES 4454) 1 km öst. d. N.-Schleuse */whwbs/wʼ*

Gl 601 1 km östl. d. Nord-Schleuse *whwbs/wʼlm*

Gl 477 (Grohmann Sy.-Sprossen schräg) Maryab, heutige Dorfmauer */wʼlmqh/*Sy.

Gl 563 (Fakhry Inscr. 55) (Gl A 738) N.-Schleuse (Symbol-Sprossen horizontal) *wʼlmqh/*Sy. •

Fresn. 36 Großer Damm *wʼlmqh/*Sy.

Gl 565 (Fresn. 28 ?) (Grohmann : Sy.-Sprossen horizontal), N.-Schleuse *ʼlmqh/*Sy.

Fresn. 44 Großer Damm *ʼlmqh/*Sy.

Gl 636 (RES 4472) Maryab, Friedhof *ʼlmqh*

Gl 643 (RES 4476) Ḥuṣn westl. v. Maryab *ʼlmqh/* *Sy.

Von den mit • Bezeichneten bestehen Abklatsche (⊗ Photo). Pausen auf S. 25. Sy. = Symbol, *Sy. = 1/2 Symbol. Gl 445, 589, 751. 600, 634, 580, 510, 500, 427 sind in RES 4370 zusammengestellt. Die Bruchstücke gehören zu wenigstens 9 bis 10

Inschriften. Länge der Inschrift etwa 5 m. 74 Zeichen, davon 65 auf Abklatschen, 52 Inschriftensegmente, von denen einzelne des unteren Teiles vielleicht nicht dazugehören (s. S. 26).
Das Eingliedern der beiden Inschriften über den Mauerbau von Maryab in den Geschichtsverlauf Südarabiens bietet große Schwierigkeiten. Die Namen der beiden Könige von Saba', ... bin Yiṯa''amar Watar und Yada''īl Watar bin Sumuhu'alī Yanūf, sind aus keiner anderen Inschrift bekannt. Gerade in der Zeit, in die sie paläographisch etwa gehören, besteht eine empfindliche Lücke in der Königsreihe von Saba'. Eingehender weiß man, wenn auch durch jeweils wenige Inschriften, über die Reihe der letzten Könige von Ma'īn Bescheid. Selbst den Namen des Sabäerkönigs, der das Kernland der Minäer und die sehr starke Festung Yaṯill eroberte, deren Bewohner Kopf und Herz des Landes waren, kennen wir nicht. Keine Inschrift deutet auf diesen Umsturz. Die letzte bekannte Herrscherinschrift der Minäer, RES 2999 = Gl 1087 [55], setzten Waqah'īl Yaṯa' und sein Sohn 'Īlyafa' Yašur II. unter der Oberhoheit eines Königs von Qatabān, der Šahr Yagul Yuhargib hieß, der aber nicht mit dem späteren, durch eine Reihe von Inschriften bekannten Šahr Yagul Yuhargib II. von Qatabān identisch ist [56]. Sehr wahrscheinlich hing die Eroberung von Ma'īn durch Saba' zusammen mit einem Umsturz im qatabānischen Reich. Das « nicht im Reichsrat vertretene » Außenland Dahas^{m}, das vom Hochland an die Küste östlich von 'Adan reichte, befreite sich unter dem Namen Ḥimyar von Qatabān, führte gemeinsam mit Saba' Krieg gegen Qatabān und teilte sich mit Saba' in die Landbeute. Die Westhälfte von Qatabān wurde unter Saba' und Ḥimyar aufgeteilt. Die Grenze zwischen Saba' und Ḥimyar lag nun an der Meeresstraße, dem Bāb al-Mandab. Ḥimyar wurde bald Seemacht am Ozean. Die ḥimyarische Ära beginnt mit 115 v.Chr. [57]. Es ist wahrscheinlich, daß dies das Jahr war, in dem Ḥimyar seine Selbständigkeit erlangte. Ein wenig früher, etwa 120 v.Chr., ist wohl das Ende des Minäerreichs anzusetzen, und etwa 125 v.Chr. die genannten Herrscher, die unter der Oberhoheit von Qatabān standen (RES 2999 = Gl 1087). Für die paläographische Einordnung der älteren Mauerbau-Inschrift von Maryab ist es notwendig, die

55 Gl 1087 mit Abklatsch der Sammlung E. Glaser, den mir Frau Prof. Dr. M. Höfner sandte, der ich dafür herzlich danke, s. S. 30.

56 Das Problem der beiden qatabānischen Herrscher namens Šahr Yagul Yuhargib habe ich in der *Geschichte des Sabäerreichs und der Feldzug des Aelius Gallus* eingehend behandelt. Diese Arbeit ist für T. II, Bd. 8 von *Aufstieg und Niedergang d. röm. Welt* bei de Gruyter in Berlin in Druck. Dort werden alle geschichtlichen Vorgänge besprochen, die hier kurz ohne Begründung zusammengefaßt werden, mit Zuhilfenahme der Inschriften und der antiken Autoren, und mit eingehenden paläographischen Untersuchungen. Der Band wird mehrere Jahre verspätet herauskommen. Nur Vorarbeiten finden sich in H.v. Wißmann, *Ḥimyar, Ancient History*, Le Muséon 47, 1969.

57 Diese Zahl ist neuerlich durch W. W. Müller, Besprechung von Irfan Shahīd, *The Martyrs of Najran*, Oriens Christianus 58 (1974), S. 188 f., fest erwiesen worden.

minäischen Inschriften RES 3307 und 3017+3016 heranzuziehen. RES 3307 [58] ist eine Königsinschrift aus Našān des allein regierenden 'Īlyafa' Waqah, etwa von 175 v.Chr.; RES 3017+3016 = Gl 1317+1316 [59] ist eine Inschrift des Yaṯa''īl Ṣadiq mit seinem Sohn Waqah'īl Yaṯa' über Besitzübereignung und Hauskauf in Yaṯill, etwa von 145 v.Chr. Man vergleiche Abb. 11, oben.

Die ersten aus der Zeit nach dem inschriftslosen Umsturz in Südarabien erreichbaren Herrscherinschriften, gehören, außer dem Mauerbau-Text, in die Zeit des Ḏamar'alī Bayyin bin Sumuhu'alī Yanūf und seines Bruders 'Īlšaraḥ. Es sind mit Sicherheit Istanbul 7632 und besonders RES 4085 [60]. Es besteht, wie W. F. Albright [61] herausfand, kein Zweifel daran, daß in der Zeit dieser beiden Männer der Römereinbruch unter Aelius Gallus erfolgte, 24 v.Chr.

Saba' war vor etwa 120 v.Chr. in einer sehr schweren Lage. Es wurde von Qatabān, das Ma'īn zum Vasallen hatte und Herr auf der Weihrauchstraße zum Mittelmeer war, «in die Zange genommen». Dann aber vernichtete Saba' das Minäerreich und machte zusammen mit Ḥimyar Qatabān zu einem kleinen und machtlosen Staat. Freilich war es durch das Nabatäerreich und dessen Vasallen im heutigen Ḥiǧāz von der Weihrauchstraße zum Mittelmeer abgeschnitten. Fast ein Jahrhundert später, 25/24 v.Chr., brachen Römer und Nabatäer ins Land ein und drangen bis vor die Tore von Maryab vor. Nur infolge schwerer Krankheiten im Römerheer konnte der Königssohn 'Īlšaraḥ mit seiner Leibtruppe das belagerte Maryab verteidigen und den Römern beim Rückzug große Verluste zufügen.

Aus schwerer Lage vor 120 v.Chr. folgte für Saba' um 120 und in dem folgenden Jahrzehnt ein jäher Aufschwung, um 25/24 v.Chr. aber eine große Vernichtungsgefahr, und dann wieder eine Befreiung, freilich von kurzer Dauer, da Ḥimyar bald zum Feind von Saba' wurde.

Gewiß hängt es mit diesen Umstürzen zusammen, daß in dieser Zeit auch in der Schrift ein starker Umbruch erfolgte. Die Buchstabenformen der vorangehenden

---

58 Ma'īn, RES 3307 ist in J. Pirenne, *Paléogr. I*, Pl. XXXc abgebildet, dort aber versehentlich als RES 3860 bezeichnet, s. Abb. 11.

59 Ma'īn, RES 3017+3016 = Gl 1317+1316. Die Abklatsche wurden mir von Frau Prof. Dr. M. Höfner übersandt (vgl. Anm. 55).

60 Istanbul 7632, A. F. L. Beeston, *Four Sab. Texts in the Istanbul Arch. Mus.*, Le Muséon 65, 1952, S. 271-283, Pl. III, 2, RES 4085, H. Grimme, *Aus unedierten südarabischen Inschriften des Berliner Staatsmuseums*, Le Muséon 45, 1932, Pl. II. Ferner sind zu nennen : NāmīNN 23 (Ḫ. Nāmi, *Našr nuqūš sāmiya qadīma bilād al-'arab wa sarḥihā*, Cairo, Govt. Press, 1943). Ein Photo wurde mir von Herrn Kollegen W. W. Müller zur Verfügung gestellt. Gl 1321 (J. M. Solá Solé, *Inschriften aus Riyām, Samml. E. Glaser IV*, Österr. Ak. Wiss., phil.-hist. Kl., Sitzungsber., Bd. 243,1, 1964, Taf. IX,2). Auch diese beiden gehören vermutlich zu diesem Herrscher. Nicht hierher, sondern zu Karib'īl Bayyin bin Sumuhu-'alī Ḏarīḥ von (175 v.Chr.) gehört Gl 1094 = 1046 (H. Tschinkowitz, *Samml. E. Glaser VI*, Österr. Ak. Wiss. phil.-hist. Kl., Sitzungsber. 261, 4, 1969). Vgl. S. 23 und Abb. 11, S. 30, oben.

61 W. F. Albright, Besprechung von J. Ryckmans, *L'Institution monarchique* (s. Anm. 23), JAOS 73, 1953, S. 36-40.

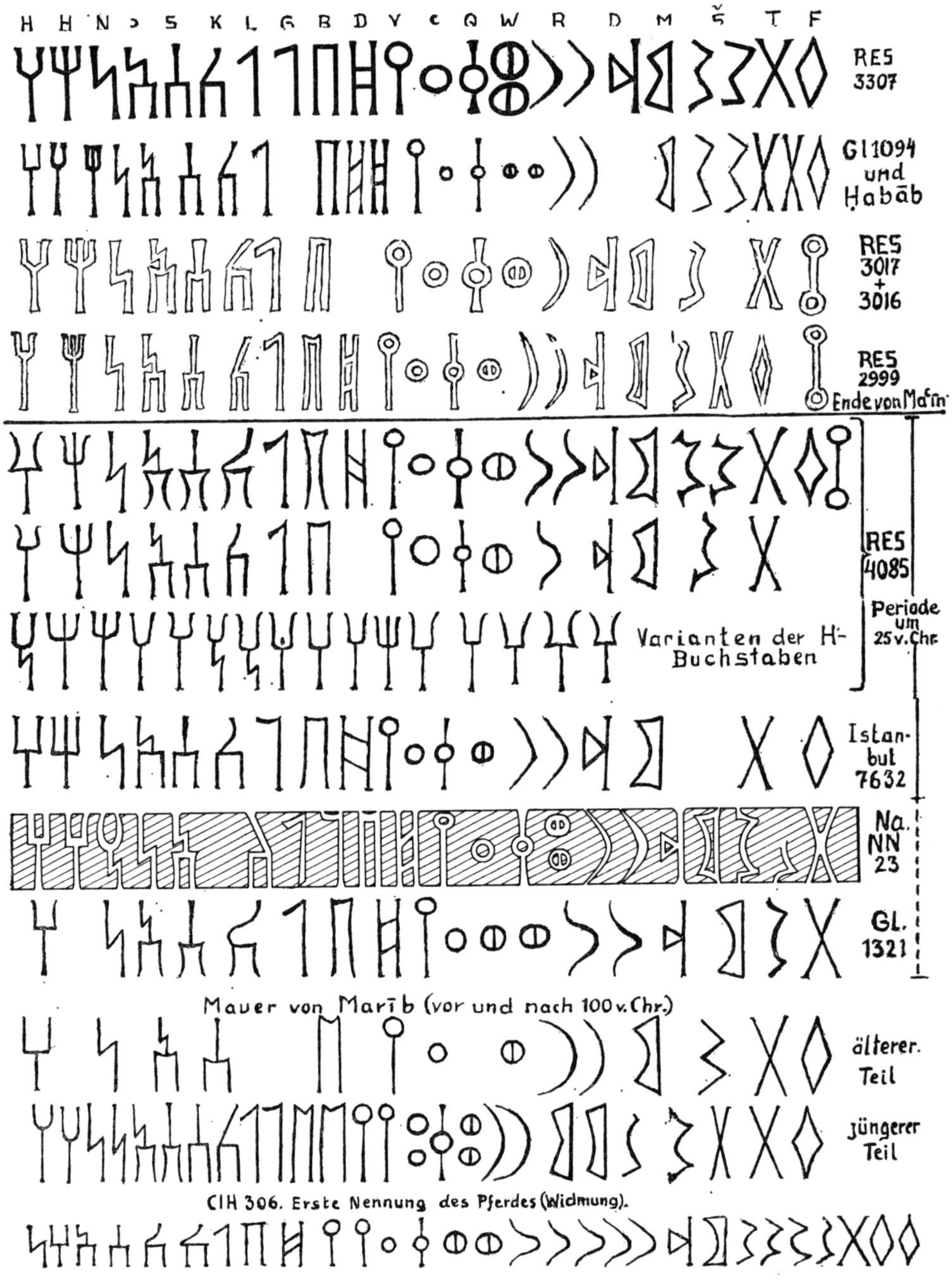

Abb. 11. Paläographische Tafel wichtiger als Kriterien dienender Buchstaben der (Herrscher nennenden) Inschriften der Zeit etwa 175 v.Chr. bis zur Zeit des Aelius-Gallus-Feldzugs, 24 v.Chr. (Die Inschriften NāmīNN 23 und Gl 1321 könnten auch jünger sein.) Die entsprechenden Buchstaben der älteren und jüngeren Inschrift des Mauerbaues von Maryab werden zu jenen in Vergleich gestellt. Die jüngere wurde wohl vom Bruder und Vorgänger des Herrschers gesetzt, unter dem der Römereinbruch abgewehrt wurde (s. S. 32). CIH 306 mag die früheste Erwähnung des Pferdes bringen. Gewidmet wird « ein [Pf]erd und sein Reiter (sein Sattelzeug) », [*fr*]*sn*/*wrkbhw*. Es beginnt die Zeit, in welcher hier bei den Kamelnomaden das Pferd und die scharfen Razzien aufkommen und die Herrscher sich in Maryab am Wüstenrand nicht ohne den Schutz einer Reitertruppe gegen Beduinenstämme halten können. Man vergleiche die Geschichtstafel auf S. 33.

Stufe (IV in meiner neuen Arbeit) reichen ziemlich geschlossen bis zum Ende des Minäerreichs. Noch etwa um 175 v.Chr., in RES 3307, findet man das stark gewinkelte *Š*, das *D̲* mit horizontalen Sprossen sowie ein zwar « offen gespreiztes », aber in der Mitte fast gewinkeltes *M*, wenn auch die *ʻAyn* und *W* zum Teil elliptische Form annehmen und das *R* von der Mondsichel- zur Bumerangform übergeht. Die letzte paläographisch bekannte minäische Inschrift, RES 2999, greift in manchem dann wieder sogar zur Stufe III zurück. Schaft-Erweiterungen und Apices sind selten; der Henkel des *K* ist gerade; die Kreise sind nicht zu Ellipsen gestreckt; das *R* ist sichelförmig; das *F* zeigt keine Einbiegungen; das *Š* ist auch in der Mitte fast gewinkelt. Freilich sind die Sprossen des *D̲* schräg, das *M* « offen » mit gebogenem Mittelteil der vorderen Linie. — Die wichtigste Inschrift der Zeit des Römerfeldzugs, RES 4085, erschwert wie wohl keine andere Inschrift paläographische Untersuchungen. Seine Buchstabenformen zeigen eine außerordentliche Variabilität. Der Zeichner stellt spielerisch neue neben alte Formen. Bei den *H*-Buchstaben treten die Becher in vielen Formen auf; nur die schlichtesten ohne Apices und ohne Biegung des Becherrandes nach außen kommen nicht vor. Die Tafel Abb. 11 zeigt 16 Formen. Wie stark auch andere Buchstaben variieren, zeigt diese Tafel ebenfalls. Keine älteren Formen zeigt das *D̲*, das immer schräge Sprossen hat, das *F* und das *R*, das hier zum erstenmal in Wellenform erscheint. Doch zeigt Istanbul 7632 ein altes *F*, und dieses und Nāmī NN23 bringen das *R* noch in Sichel- und Bumerangform. Es ist ein Mischstil, der bald mehr zur Verwilderung der Formen, bald mehr zur Rückkehr zu Älterem neigt. Er wird in den ersten Jahrzehnten n.Chr. noch ungebundener [62]. Auf die qatabānischen Inschriften dieser Zeit, die die Buchstabenverwilderung nur zum Teil mitmachen, kann an dieser Stelle nicht eingegangen werden.

Da zudem in dieser Zeit die Zahl der verfügbaren Inschriften, die sich eingliedern lassen, klein ist, ist die historische Einordnung der beiden Mauerinschriften von Maryab sehr erschwert. Die ältere des ... bin Yit̲aʻʼamar, nach Gl 598, Gl 537 = Condé und Gl 1110, läßt sich mit den späten minäischen Inschriften RES 3307, 3017+3016 und RES 2999 vergleichen. Das *Š*, das als dreifach geknickte Linie bei ʼĪlyafaʻ Yašur I. (etwa Mitte des 3. Jh. v.Chr.) [63] noch weit häufiger ist als dasjenige mit Bogen in der Mitte, und das noch bei RES 3307 (etwa 175 v.Chr.) erscheint, gibt keinen festen Anhalt, da es in den frühen Jahrzehnten n.Chr. (Gl 1374, SE 5+4+6) in Sabaʼ wieder kurz auftaucht, ebenso das *F* mit geraden

[62] Man vergleiche die paläographische Tafel der Buchstaben der Inschriften zwischen 5 und 85 n.Chr. in meiner neuen Arbeit (s. Anm. 56). In RES 2687, Gl 1374 und SE 5+4+6 = RES 4198 erscheint das *R* als etwa rechter Winkel (vgl. auch in Qatabān die Inschriften Van Lessen 9 und Timnaʻ Cemetery 1001) und verschwindet dann wieder, und das *W* nimmt altertümelnd über die Hälfte der Zeilenhöhe ein. In Gl 1374 und RES 4198 taucht das *M* mit gewinkelter Linie wieder auf.

[63] Er herrschte etwa 260, 250, 245 v.Chr. *Š* mit Bogen RES 2869, mit Knickung auch in der Mitte RES 3021, Gl 1314. RES 2975.

Linien der Raute. Der Schachtelbecher des *H*, der später gebräuchlich wird, läßt sich in Saba' weit zurückverfolgen [64]. Das *B* mit eingebogenem Oberrand taucht schon um etwa 250/245 v.Chr. bei 'Īlyafa' Yašur I. auf (Gl 1314, RES 2975), ist aber seit 24 v.Chr. häufiger. Eine Einordnung der älteren Mauerbau-Inschrift um etwa 140 v.Chr. ist daher wenig gesichert [65].

Die jüngere Mauerbau-Inschrift des Yada''īl Watar bin Sumuhu'alī Yanūf hat das *Š* mit RES 4085 der Zeit des Ḏamar'alī Bayyin bin Sumuhu'alī Yanūf gemeinsam, ein elegant geschwungenes *Š* mit Apices (Gl 580, Phot. F. Geukens) [66]. Diese Inschrift wurde von Yada''īl Watar, Sohn eines Sumuhu'alī Yanūf gesetzt. Zur Zeit des Römerzuges stand Saba' unter Ḏamar'alī Bayyin, Sohn eines Sumuhu'alī Yanūf. Der Name Sumuhu'alī Yanūf ist zwar ein sehr häufiger; daß er sich aber in kurzem Abstand wiederholte, ist unwahrscheinlich. So ist anzunehmen, daß Yada''īl Watar älterer Bruder des Ḏamar'alī Bayyin und des Prinzen 'Īlšaraḥ, des Verteidigers von Maryab gewesen ist. Er mag noch um rund 30 v.Chr. geherrscht haben. Er stellte die große Mauer wieder her.

Der Herrscher von Saba' setzte wohl vor allem dann die Mauern seiner Hauptstadt instand, wenn Gefahr drohte. Wahrscheinlich baute der Sohn des Yiṯa''amar Watar an der Mauer von Maryab, als die Stadt in eine enge Zange des qatabānischen Großreichs und von dessen Vasallen Ma'īn geraten war. Diese Gefahr schwand, als das Minäerreich überraschend durch Saba' gestürzt wurde.

Wiederum ist anzunehmen, daß die Angriffe der Nabatäer auf das sabäische Nagrān [67] und die Drohung Roms, einzudringen und Saba' gefügig zu machen, den Sabäerkönig Yada''īl Watar bin Sumuhu'alī Yanūf veranlaßten, die Mauern seiner Hauptstadt zur Verteidigung auszubauen. Als die Römer Maryab belagerten, war Yada''īl Watar gestorben. Unter der Regierung seines Bruders Ḏamar'alī Bayyin leitete der andere Bruder des Königs, 'Īlšaraḥ, mit seiner Leibtruppe die Verteidigung und Befreiung der Stadt. Inzwischen hatten die Römer und Nabatäer gewiß die Umgebung der Stadt, Wasserverteiler, Schleusen und Damm der Oase, verwüstet. Nach dem frühen Abzug der Belagerer war es wohl das erste Ziel des Verteidigers, die Oase und ihre Bauten wieder instand zu setzen. Dies mußte dringender sein als der Wiederaufbau der Mauer, selbst wenn diese starke Zerstörungen erlitten hatte. Man betrachte die Liste der Bruchstücke der Mauerbau-

---

64 CIH 37, Gl 1209, 1210 des Karib'īl Watar bin Yiṯa''amar Bayyin, etwa 295 v.Chr.

65 Diese Einordnung erfolgte in meiner neuen Arbeit (s. Anm. 56). Man vergleiche dort auch die Charakterisierung der paläographischen Stufe IV.

66 Freilich weist das sichelförmige *R*, das aber in der Zeit um 24 v.Chr. in Istanbul 7632 auftritt, und der gerade Henkel des *K*, der aber auch in Nāmī NN 23 aus dieser Zeit erscheint, auf die vorhergehende Zeit. Doch die Linien der Raute des *F* sind wie in RES 4085 eingebogen.

67 Vgl. A. Jamme, *Un désastre nabatéen devant Nagran*, Cahiers de Byrsa VI, 1956, S. 165-171 und meine neue Arbeit (s. Anm. 56). H. Philby, A. S. Tritton, *Najran Inscriptions*, Journ. Roy. As. Soc., 1944, S. 123, 127.

Inschrift des Yada''īl Watar. Nur ein einziges wurde in der Stadtmauer von Maryab gefunden. Von den sonstigen 49 Bruchstücken mit bekanntem Fundort fand man nur 15 innerhalb von Maryab, 6 auf dessen muslimischem Friedhof, 4 in der Nähe der Stadt, aber 21 im Bereich des Dammes, der Nordschleuse und des Verteilers östlich von dieser, und 3 in den kleinen Siedlungen im Wadi 'Aḏanat, welche 7 und 17 km oberhalb des Dammes liegen. Dies läßt vermuten, daß die Mauer stark zerstört war. Man scheint ihre Quadern nach dem Abzug der Römer zum großen Teil zu dem Damm und den nördlichen Schleusen- und Wasserverteiler-Bauten verschleppt zu haben, um diese mit ihnen instand zu setzen und die Oase wieder lebensfähig zu machen. Wann die Stadtmauer wieder aufgebaut wurde, ist unbekannt, da man keine späteren Mauerbau-Inschriften kennt. Wie Luftbilder zeigen, ist ein großer Teil einer antiken, nur 1 m dicken Mauer, noch erhalten[67a]. Aber nur eine kleine Strecke von ihr wurde von A. Arnaud (bearbeitet von F. Fresnel) und E. Glaser[68] besucht und die Inschriften dort kopiert. Anscheinend sind es sämtlich keine Inschriften in situ.

Der Versuch einer Geschichtstafel dieser Zeit soll den Aufsatz beschließen. Vgl. S. 30.

v.Chr.: (175) Ma'īn. RES 3307. 'Īlyafa' Waqah allein. Vgl. S. 23

(165) Ma'īn. RES 2968 + 2966. Derselbe und Waqah'īl.....

(145) Ma'īn. RES 2973. Yaṯa''īl Ṣadiq (allein ?).

(140) Ma'īn. RES 3017 + 3016, derselbe mit Sohn Waqah'īl Yaṯa'.

(140 ?) Saba'. .... bin Yiṯa''amar Watar ummauert Maryab.

(125) Ma'īn. RES 2999. Waqah'īl Yaṯa' mit Sohn 'Īlyafa' Yašur II. als Vasallen von Qatabān.

(120) Saba' erobert Ma'īn. Ḥimyar befreit sich.

117 oder 118, u. 116 Indien-Fahrten d. Eudoxos v. Kyzikos durch das Bāb al-Mandab.

115 Beginn der Ḥimyarischen Ära. Ḥimyar hatte sich von Qatabān selbständig gemacht und zusammen mit Saba' einen Eroberungskrieg gegen Qatabān geführt.

(30) Saba'. Yada''īl Watar bin Sumuhu'alī Yanūf ummauert Maryab.

67a Vgl. Karte 2.

68 T. J. Arnaud, *Relation d'un voyage à Mareb*, Journ. Asiat., 4e sér., Bd. V, 1845, S. 211-245. F. Fresnel, *Recherches sur les inscr. himyaritiques* etc., Journ. Asiat., 4/ sér., Bd. VI, 1845, S. 169-237. E. Glaser, *Reise nach Mârib* (s. Anm. 18), S. 74. M. Höfner, *Die Inschriften aus Glasers Tagebuch XI*, WZKM 45, 1938, S. 28-31. A. Grohmann, *Mariaba*, Realenc. d. class. Altertumwiss. XIV, 2, 1930, Sp. 1718-1721. E. Glaser untersuchte an der Westmauer von Maryab den Bereich von vier Bastionen südlich des Westtores und fand dort 8 Inschriftenfragmente. Erhalten sind mehr oder weniger in Ruinen an der Westmauer etwa 43 Bastionen. An der Nordmauer kann man im Luftbild etwa 8 Bastionen erkennen. Von der Süd- und Ostmauer scheint nichts mehr zu stehen.

24 v.Chr. Saba'. Ḏamar'alī Bayyin bin Sumuhu'alī Yanūf. Aelius Gallus bestürmt Maryab, das von 'Īlšaraḥ, dem Bruder des Königs, und dessen Leibtruppe verteidigt wird. Seuche unter den Römern. Sie werden verjagt. Damm und Schleusen der Oase von Maryab werden mit Quadern der Ruinen der Stadtmauer wiederhergestellt.

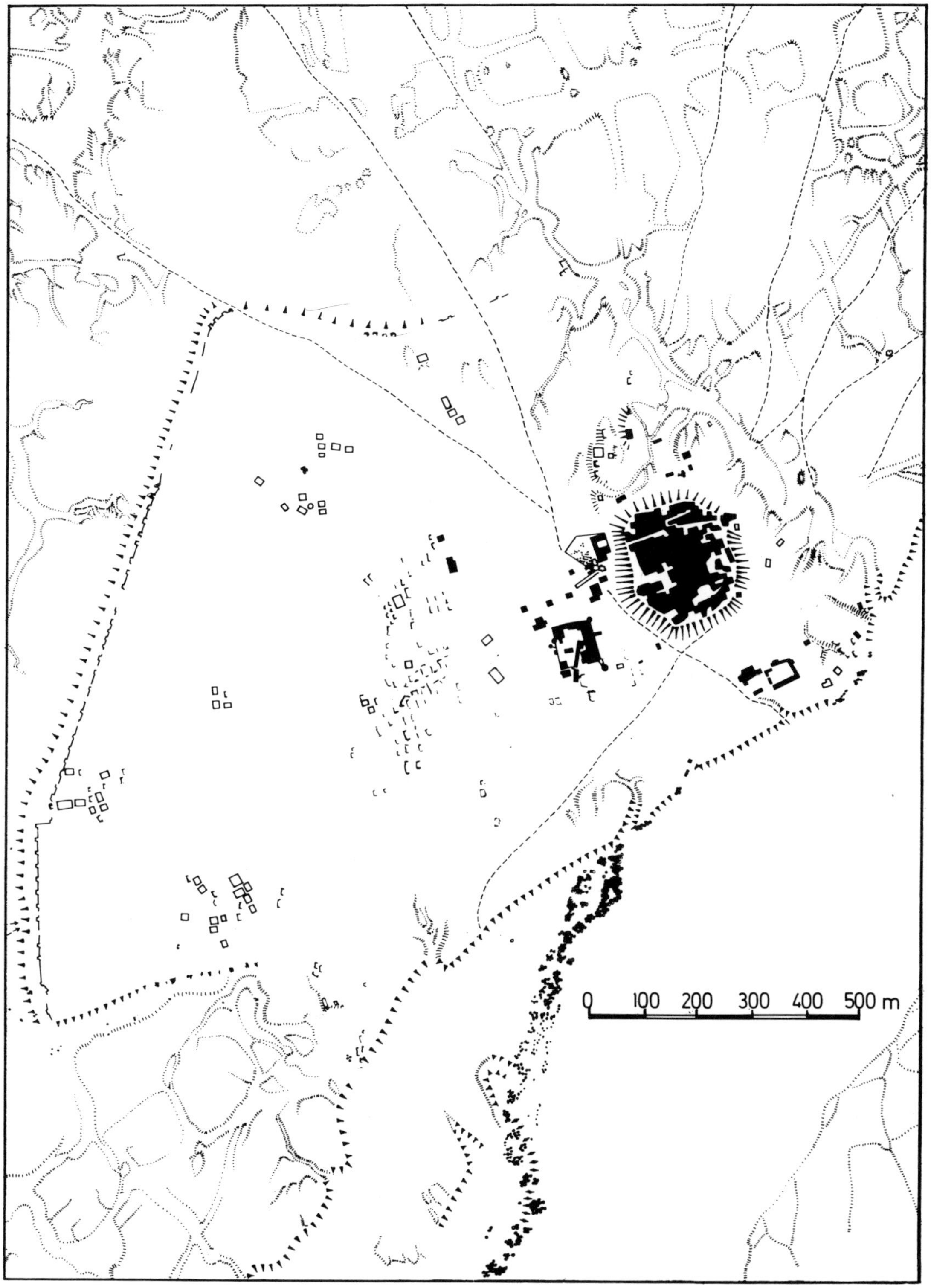

Karte 2. Plan der Ruinen der Stadt Maryab, Pause eines senkrechten Flugbildes. Die voll schwarz gezeichneten Gebäude sind die heutigen Bauwerke, die jetzige Siedlung Mārib und die Regierungsbauten. An den Ruinen der Westmauer der alten Stadt erkennt man das Westtor und etwa 44 Bastionen, während von der Nordmauer nur 7 Bastionen und fast nichts von der Süd- und Ostmauer erkennbar ist. Vor der Mauer ein Abfall nach außen. Rechts unten das Bett des Wādī ʾAḏanat (Ḏana), oben die von Runsen zerschnittenen Flächen der ehemaligen Oase ʾAbyan. Der Plan ist genordet. Maßstab etwa 1 : 17500.

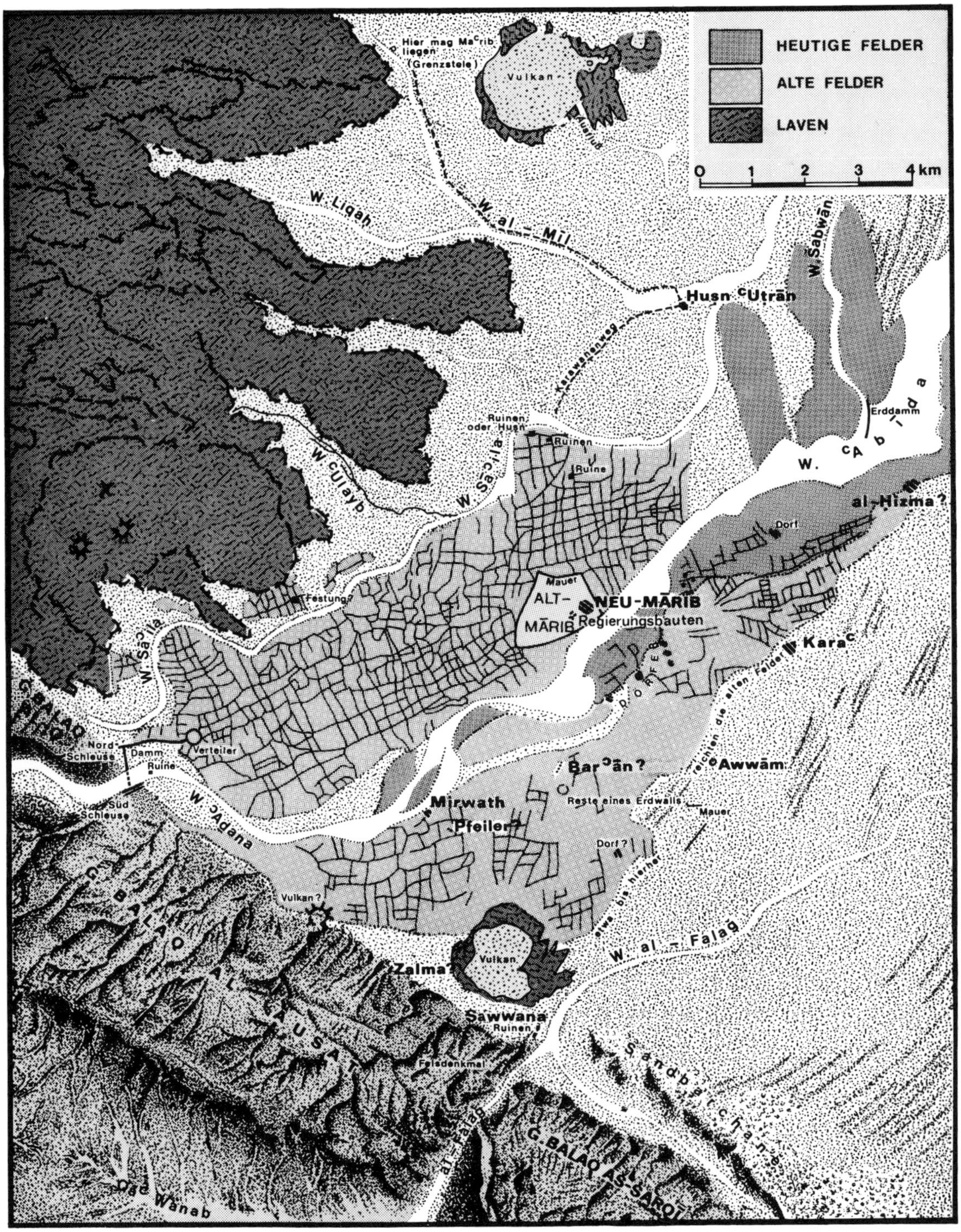

Karte 3.
Oase von Maryab.

Karte 3. Oase und Stadtgau Saba' der antiken Stadt Maryab. Beide umfassen noch einen schmalen nordostwärts sich längs des Wadibetts ausdehnenden Streifen Landes außerhalb der Karte. Die Oase ist im Osten von der Sandwüste mit ihren Dünen, im Nordwesten von einer jungvulkanischen Lavalandschaft, im Südwesten von der aus jurassischem Kalk aufgebauten Schichtrippe des Ğabal Balaq eingerahmt. Dieser Ğabal Balaq wird durch zwei Flußdurchbrüche in drei Teile geteilt. Im Westen durchbricht das Wādī 'Aḏanat, das große Haupttal, das ein weites Gebiet des Hochlands entwässert, den Bergrücken, im Süden das Wādī al-Falağ. Wo das Wādī 'Aḏanat austritt, wurde es seit alters zu der Nordoase 'Abyan angezapft, und wenig weiter abwärts zu der Südoase Yasrān. Erst unter Sumuhu'alī Yanūf bin Ḏamar'alī [(545) v.Chr.] und Yiṯa''amar Bayyin bin Sumuhu'alī Yanūf [(525) v.Chr.] wurde eine Südschleuse durch den anstehenden Fels gemeißelt und Süd- und Nordschleuse durch einen großen Staudamm quer über das Wadibett verbunden, sodaß der Wasserspiegel an beiden Seiten, besonders an der Südseite erhöht wurde. Heute noch stehen die beiden Schleusenanlagen zum großen Teil, obwohl sie seit etwa 600 n.Chr. außer Funktion gesetzt worden sind, sowie der erhöhte Kanal und große Verteiler auf der Nordseite. Die beiden Oasenhälften liegen kahl da, aber die alten Kanäle sind heute noch durch die Richtung tief eingeschnittener Runsen in das lößähnliche Schwemmaterial in ihrem Lauf erkennbar. Am Rand der Südoase gegen die Dünen der Sandwüste liegt die große Ruine des ovalen Mauerrunds des großen 'Almaqah-Heiligtums des 'Awwām, weiter oberhalb zwei andere Tempelruinen, Bar'ān und die Pfeiler von Mirwaṯ. Das « Felsdenkmal » beim südlichen Durchbruch ist eine noch stehende Grenzstele. Die Ruine einer solchen Grenzstele, Ma'rib mit heutigem Namen, steht an der Nordgrenze, an der nach dem ehemaligen Ma'īn und nach Nordarabien (Weihrauchstraße) führenden Karawanenweg. Dort und nahe der Südgrenze liegt ein sandgefüllter Krater. — Die Karte wurde auf der Grundlage senkrechter Flugaufnahmen angefertigt, die den Maßstab angeben. Sie ist nach den Peilungen E. Glasers genordet. — Die heutigen Felder beschränken sich auf einen schmalen Landstreifen am Bett des Wādī 'Aḏanat. Sie werden durch jährlich neu gerichtete Erddämme bewässert, von welchen der größte eingezeichnet wurde. Auf der Karte erscheinen diese Feldflächen in dunklerem Grau als die großen Feldflächen der ehemaligen Oase, die heute brach liegen. Der Verteiler der Nordoase ist zu groß eingezeichnet. Die harten Kalksteine des Ğabal Balaq lieferten die Quader der großen sabäischen Bauten. Die Schichten fallen gegen NNO ein und brechen nach S gegen die Qā' Wanab ab. Wanab war der benachbarte Stadtgau gegen Süden. Im Norden grenzte an der Stele der Oasen-Stadtgau von 'Arārat^{m} und KTL^{m} an. Im Westen reichte der Stadtgau Saba' wohl weit über die Enge hinaus talaufwärts, bis zur Grenze des Gaues Ḫaulān und des großen Stadtgaues Ṣirwāḥ.

Ğ. Balaq al-Q. = Ğabal Balaq al-Qiblī.

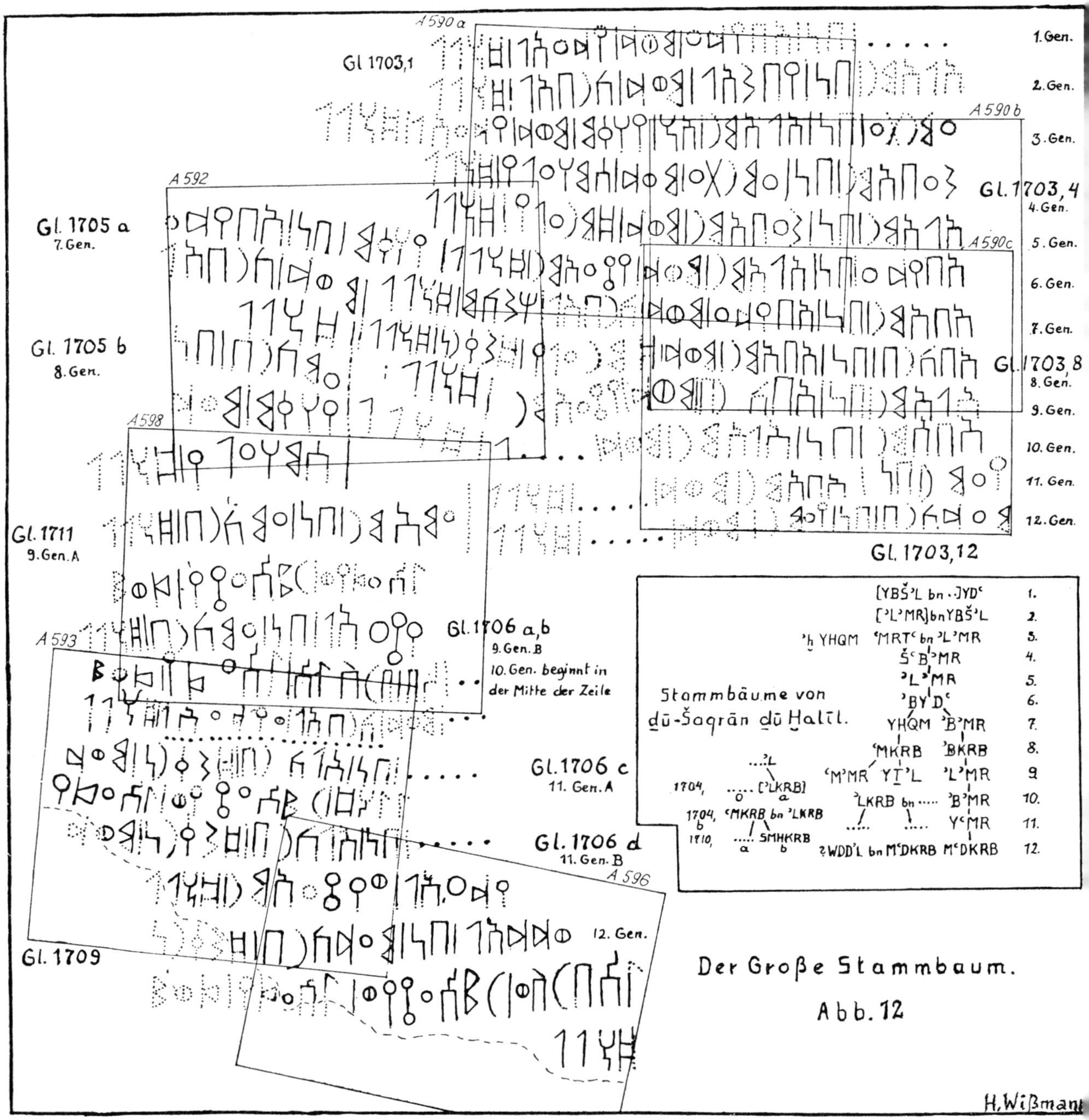

Meine Bearbeitung des Gr. Stammbaums 1974 nach den E. Glaser-Abklatschen A 590a-c, 592, 598 unn 596. Sie wurde durchgeführt, bevor dieser Stammbaum 1975 von A. Jamme und Ch. Robin an einer Felswand bei Ṣawwana südlich von Mārib gefunden wurde. Ch. Robin sandte gute Teleaufnahmen. Die Fehler und ihre Berichtigungen werden hier S. 39 unten und S. 51-53, sowie den Abbildungen 12a und b dargelegt.

Der auf. S. 18f besprochene Große Stammbaum ist für die Herrscherreihe von Saba' im 7. bis 5. Jh. von ausschlaggebender Wichtigkeit. Daß er eine Einheit bildet, habe ich nur in der Arbeit *Sab. u. Aelius Gallus* (vgl. Anm. *) in vollem Zusammenhang und bis ins Einzelne dargestellt. Von den bisherigen Bearbeitern wurde der Zusammenhang nicht gesehen. Er ist aber wesentliche Grundlage für die Aufstellung der sabäischen Herrscherreihe. Daher bringe ich hier in Abb. 12 die Pause des Stammbaums. Die Übersetzung dieser unkorrigierten Abb. 12. lautete:

Gl 1703, Z. 1-6, Stamm

(1) [[YBŠ'L]] [bin 'B]YDʿ, *mwd* des Yadaʿʾīl, ḏū-[Ḫalīl] (*mwd* = « Freund ».)
(2) [['L'MR]] bin YBŠ'L, *mwd* des Karib'īl, ḏū-[Ḫalīl]
(3) ʿMRTʿ bin 'L'MR, Bruder (*'ḫ*) des YHQM, *mwd* des Ya(da)[ʿʾīl, ḏū-[Ḫalīl]
(4) ŠʿB'M[R] bin ʿMRTʿ, *mwd* des Sumuhuʿalī, ḏū-(Ḫa)[līl]
(5) 'L'MR bin ŠʿB'MR, *mwd* des Ḏamarʿal(ī), ḏū-Ḫalīl
(6) 'BYDʿ bin 'L'MR, *mwd* des Yiṯaʿʾamar, ḏū-Ḫalīl

Gl 1703, Z. 7-12, Hauptzweig

(7) 'B'MR bin 'BYDʿ, *mwd* des [Ka]rib['īl], Majordomus (*ḫškm*) der ḏū-Ḫalīl
(8) 'BKRB bin 'B'MR, *mwd* des Ḏ[amarʿal]ī, [ḏū-]Šaqrān ḏū-Ḫalīl
(9) 'L'MR bin 'B(K)RB, *mw(d)* des [Yiṯaʿʾ](am)ar, ḏū-Ḫalīl
(10) 'B'[M]R bin ('L)['MR, *mwd* des ....īl, [ḏū-Ḫalī]l
(11) YʿMR bin 'B'[MR, *mwd* des ....., ḏū-Ḫalīl]
(12) MʿDKRB bin (Y)ʿM[R, *mwd* des ....., ḏū-Ḫalīl]

Nebenzweig, vom 2. Sohn des ʿBYDʿ in Gl 1703, Z. 6, ausgehend. Dieser 2. Sohn heißt:

(Gl 1705a) YH(Q)M bin ʿBYD(ʿ), *mwd* des Karib'īl, ḏū-Ḫalīl
(Gl 1705b) ʿMKRB bin YHQM, *m(wd)* des Sumuhuʿalī, ḏū-[Ḫalīl]
(Gl 1711) ʿM'MR bin ʿMKRB, ḏū-(Ḫa)[līl, *m*]*wd* des Yiṯaʿʾamar [und des Yad]aʿ(')[īl]
(Dessen Bruder, Gl 1706a) YṮʿ'L bin ʿMKRB, ḏū-[Ḫalīl], *m(w)d* des Yadaʿʾī(l)
(Gl 1706b) 'LKRB bi[n....., *mwd* des] (Ka)[ri]b'ī(l) und des (Yad)aʿʾīl, (ḏū-)Ḫa[līl]
(Gl 1706c) [.....] bin 'LKR(B), (ḏū-)Ša(q)rān, *mwd* des (Ya)daʿʾīl und des Yiṯaʿʾamar, ḏū-Ḫal[īl]
(Dessen Bruder, Gl 1706d) [.....] (bi)n '(L)KRB, ḏu-Šaqrān, *mw(d)* des (Ya)daʿʾīl und des Yiṯa[ʿ]'ama(r), ḏū-Ḫal[īl]
(Gl 1709) WDD'L bin MʿDKRB, ḏū-[Šaqrān, *mwd* des Yad]aʿʾīl und des Yiṯaʿʾamar und des Karib'īl, ḏū-Ḫalīl

Den Großen Stammbaum hatten wir von Abklatschen abgezeichnet, die einst E. Glaser zugesandt worden waren. Die Herkunft war unbekannt. 1975 fanden ihn A. Jamme und dann Ch. Robin an einer Felswand südlich von Mārib. Ch. Robin sandte mir soeben Telephotos. Herzlichen Dank! Die Veröffentlichung wird A. Jamme vornehmen. Dieser möge gestatten, daß ich für meine Arbeit Grundlegendes vorwegnehme. Meine Lesefehler an den Abklatschen waren beträchtlich gewesen. Doch bestätigte sich vollauf, daß es ein einheitlicher Stammbaum mit zwei Stammreihen ist, mit Nennung der jeweiligen Herrscher, die, soweit sie mir lesbar sind, weiterhin gut zu meiner Herrscherreihe passen. Schwierig ist freilich, daß der Herrscher der 3. Gen. Yakrubmalik heißt. Hierin vermute ich den postumen Namen des Yadaʿʾīl Ḏarīḥ. Doch könnte es dessen erster Nachfolger sein. Unter den Mukarriben erscheint « Yakrubmalik » sonst nicht; er taucht erst spät in der Zeit der « Könige von Saba' » auf. Ich danke dem Herausgeber *sehr*, daß er in letzter Stunde diese Ergänzung gestattet.
Sie steht am Ende dieses Buches auf den Seiten 51-53.

ABESSINIEN ALS SABÄISCHE STAATSKOLONIE IM 6. JH. V.CHR. *

Die Herren F. Anfray und G. Annequin haben während ihrer Ausgrabungs-Kampagnen in Maṭarā im äthiopischen Hochland, in Süd-Tigré, in den Jahren 1961 bis 1963, eine Inschrift zutage gefördert, die Licht auf die frühe Geschichte des Hochlandes wirft. Es ist JE 2825, eine flache, oben leicht ausgehöhlte Opferschale oder -platte, mit den Maßen 53×35[1]×13 cm. Um ihren Rand lief an drei Seiten eine zweizeilige Bustrophedon-Inschrift herum, die an zwei Seiten erhalten blieb (F. Anfray et G. Annequin, *Maṭarā, 2e, 3e et 4e campagne des fouilles*, AE 6, 1965: Abb. 5 auf S. 55, Lagerung S. 75, Beschreibung S. 85, Planche LXXII 2 et 3). F. Anfray äußert sein Erstaunen darüber, daß in dieser Inschrift der Name eines sabäischen Herrschers erscheint (F. Anfray, *Fouilles de Yeḥā*, AE 9, 1972, S. 53 u. Anm. 20; er nennt RES 4370, wo auch SMH'LY erscheint). Epigraphisch wurde JE 2825 kurz von R. Schneider behandelt (AE 6, 1965, S. 90). Der Übersetzer erkennt die Wichtigkeit der Inschrift nicht. « On connaît Sumuhu'alay comme nom de *mukarrib* sabéen. Dans notre inscription il s'agit sans doute d'un chef ou souverain sans qu'on puisse préciser davantage ». Man betrachte meine Zeichnung Abb. 13, wo drei Seiten der Tafel aufgeklappt erscheinen, mit gestrichelten Ergänzungen. Eine kleine Ergänzung ist das *Ṯ* am Anfang des Namens des Setzers. Ein Kreisbogen unten links ist wohl nicht anders zu deuten. Von den drei Möglichkeiten ṮRSMM, ṮR'MM und ṮRKMM wählte ich die erstere: ṮR(S)MM. Von der Zeile 2 ist das Mittelstück und die rechte Seite erhalten: *wbḏtb'dn/wb/smh'ly//[w](b)/lmn/'mr'h[w]*. Davor ergibt sich als Ergänzung die lange Anrufung: *b'ṯtr/wb'lmqh/wbḏtḥmym*. Eine kürzere Anrufung würde dem rituellen Usus widersprechen, eine längere ließe nicht genügend Platz für die Widmung der Opferschale, für die bei meiner Ergänzung nur etwa 22 Schriftzeichen zur Verfügung stehen. Die Anrufung lautet daher wohl: « [bei Aṯtar und bei 'Almaqah und bei der Ḏāt-Ḥimyam] und bei der Ḏāt-Ba'dān und bei Sumuhu'alī und bei LMN, [sein]en Herren » [1a].

---

* Abkürzungen: AE = Annales d'Éthiopie; DAE = Deutsche Aksum-Expedition; J. Pirenne, *Pal I* = J. Pirenne, *Paléographie des inscriptions Sud-Arabes I*, Kon. Vlaamse Ac. v. Wetensch. etc. van België, Kl. d. Letteren, Verhandelingen 26, Brussel 1956; H. Wißmann, *Sabäerreich*, = H. v. Wißmann, *Die Geschichte des Sabäerreichs und der Feldzug des Aelius Gallus. Aufstieg und Niedergang der Römischen Welt II*, Bd. 8, ed. H. Temporini, Berlin - New York 1976, etwa 220 S. Diese Arbeit ist seit 3 Jahren im Druck. Da sie noch nicht paginiert ist, werden die Kapitel angeführt; H. Wißmann, M. Höfner = *Beitr. z. histor. Geogr. d. vorislam. Südarabien*, Ak. Wiss. u. Lit. geistes-sozialw. Kl., Mainz 1952, Abh. Nr. 4.

1 35 cm nach den Verfassern, warhscheinlich aber 39 cm. Vgl. Abb. 13.

1a *mr'hw* in der Bedeutung « sein Herr » kenne ich sonst erst seit dem Beginn der sabäischen Königszeit im 4. Jh. (vgl. Wißmann, *Sabäerreich*).

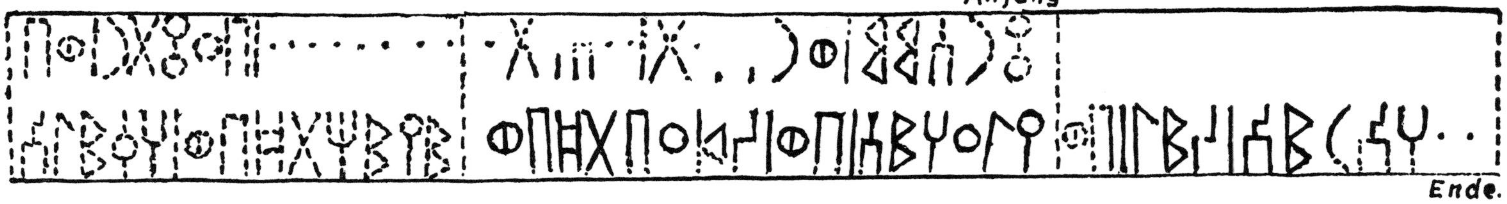

13. Drei Seiten der 13 cm hohen Außenfläche der Opferschale JE 2825 aus Maṭarā. Die vierte Seite ist unbeschriftet. Die drei beschrifteten Seiten der Opferschale wurden in der Zeichnung auseinandergeklappt dargestellt. Die linke Seite ist nicht mehr erhalten und wurde ergänzt, soweit dies möglich ist. Die Bustrophedon-Inschrift läuft in der oberen Zeile von der mittleren zur linken Seite, in der unteren Zeile von der linken über die mittlere zur rechten Seite. Der Mittelteil ist 53 cm breit.

Der Name LMN, in Südarabien unbekannt, erscheint in JE 1384 aus Melazo (R. Schneider, AE 4, 1961, S. 62 f., Pl. XXIVb; AE 6, 1965, S. 221 f.). Korrigiert man einen Lesefehler (LMN statt .MN), so heißt es dort : « LMN, der König (*mlkn*) *ṣr'n*, (Sippe) YG'ḎYN, Mukarrib von D'MT und Saba', Sohn des RBḤ, des Königs (*mlkn*), hat wiederhergestellt und erneuert usw. ». JE 1384 gehört zusammen mit JE 1370 und 671, auch aus Melazo, JE 4 aus Maqallé, und DAE 1 aus Abba Pantaléon. Diese sind für das Verständnis von JE 1384 bedeutsam. JE 1370 (AE 4, 1961, S. 61 f., Pl. XXIV a) lautet : « ...[D']MT, sein östliches und sein westliches, seine 'Roten' (*'dmhy*) und seine 'Dunkelhäutigen' (*ṣlmhy*) usw. ». In der Anrufung heißt es : « *bnẖ/'str/whbs/w'lmqh/wḏtḥmym/wḏtb'dn/* ». Mit *Haubas* ist die Reihe der sabäischen Reichsgötter vollständig. JE 4 (A. Caquot, A. Drewes, *Les Monuments ... à Maqallé*, AE 1, 1955, S. 26-32) ist vom Vater RBḤ des LMN gesetzt : « [RB]Ḥ, der König (*mlkn*) *ṣr'n*, (Sippe) YG'ḎN, Mukarrib von D'MT und Saba', vom Stamme W'RN-RYDN usw. ». In der Zeile 3b ist im zweiten Teil wohl zu übersetzen : « es regierte (*mlkw*) RBḤ über D'MT ». Es folgt : « dem östlichen und dem westlichen ». In DAE 1 (E. Littmann, Bd. 4, Berlin 1913, S. 1 f.), einem Bruchstück, heißt es in Z. 1 : *mlkw/d'mt/mšrqh* und in Z. 2 : *wḏtb'dn/w'bt* ... « beherrschte D'MT, das östliche » sowie : « und der Ḏāt-Ba'dān und dem 'BT... » [2]. JE 671 lautet : « [LM]N, der König, Sohn des RBḤ[, des Königs], weihte dem... ».

JE 1384, 671 und 1370 und JE 4 sind vom Herrscher, DAE 1 und JE 2825 von Untertanen gesetzte Inschriften. Die beiden letzteren unterscheiden sich dadurch wesentlich voneinander, daß der Name, der unmittelbar auf die Reihe der angerufenen Götter folgt, in DAE 1 kein Name eines Mukarribs von Saba' ist, in JE 2825 jedoch einer der fünf geheiligten Namen der Mukarribe von Saba', die im Sabäerreich nur für diesen benutzt wurden und wohl auch benutzt werden durften : KRB'L, YD''L, YṮ''MR, ḎMR'LY, SMH'LY. Erst bei den « Königen von Saba' » kommt YKRBMLK hinzu [3]. Der Untertan nennt den Herrscher nur mit diesem einzigen Namen, ohne Beinamen, Vaternamen und Titel, die dem Herrscher selbst an offizieller Stelle vorbehalten sind. Da der Stil von JE 2825 sich nicht vom Stil einer sabäischen Weihinschrift eines Untertanen in der Zeit der Mukarribe von Saba' unterscheidet, bedeutet die Nennung des Sumuhu'alī in der Anrufung unmittelbar nach den Gottheiten, daß nach diesen der oberste Herr des die Inschrift Setzenden Sumuhu'alī war, und zwar einer der Sumuhu'alī genannten Herrscher des Sabäerreichs.

---

[2] *mlkn* übersetzt A. Drewes (*Inscr. de l'Éthiopie antique*, Proefschr., Leiden 1962, S. 97) sicher richtig mit « der König ». Über *mlkhw* vergleiche man Wißmann, *Sabäerreich*, Kap. IV,4, mit Beitrag von W. W. Müller. Man vergleiche hier, S. 7f.

[3] Man vergleiche J. Ryckmans, *L'Institution monarchique en Arabie méridionale avant l'Islam*, Bibl. du Muséon 28, 1951, S. 53-61. Über Fakhry 70 vergleiche man Wißmann, *Sabäerreich*, Anm. 47 sowie Kap. VII,6, bei « (225) » v.Chr.; hier S. 23. Über YKRBMLK im Großen Stammbaum vergleiche man hier S. 39, 51, 53.

Die Inschrift JE 2825 gehört in die paläographischen Stufen A3 + A4 + B zusammengenommen von J. Pirenne, *Pal I*, das heißt, in die Stufe II meiner Arbeit (H. Wißmann, *Sabäerreich*, Kap. IV bis VI). A. Anfray zeigt, daß die Opferschale in einer viel jüngeren Schicht lag und wohl durch Jahrhunderte noch benutzt wurde. Es ist nicht verwunderlich, daß beim Auffrischen der Inschrift kleine Zusätze eines späteren Duktus angebracht wurden (Ansätze von Apices bei *T*, *N*, Schafterweiterung des *S*, « Öhrchen » eines *B*). Ich zeigte, daß die paläographische Stufe II einerseits nach meinen bisherigen Untersuchungen nicht zeitlich untergliedert werden kann, daß sie andererseits, wie meine Zusammenfügung des « Großen Stammbaums » zeigt, von rd. 690 bis rd. 460 v.Chr., somit über mehr als 200 Jahre reicht [4]. In die Stufe II gehören : Sumuhu'alī Yanūf bin Yada''īl Ḏarīḥ von etwa 645 v.Chr., und Sumuhu'alī Yanūf bin Ḏamar'alī von etwa 546 v.Chr.

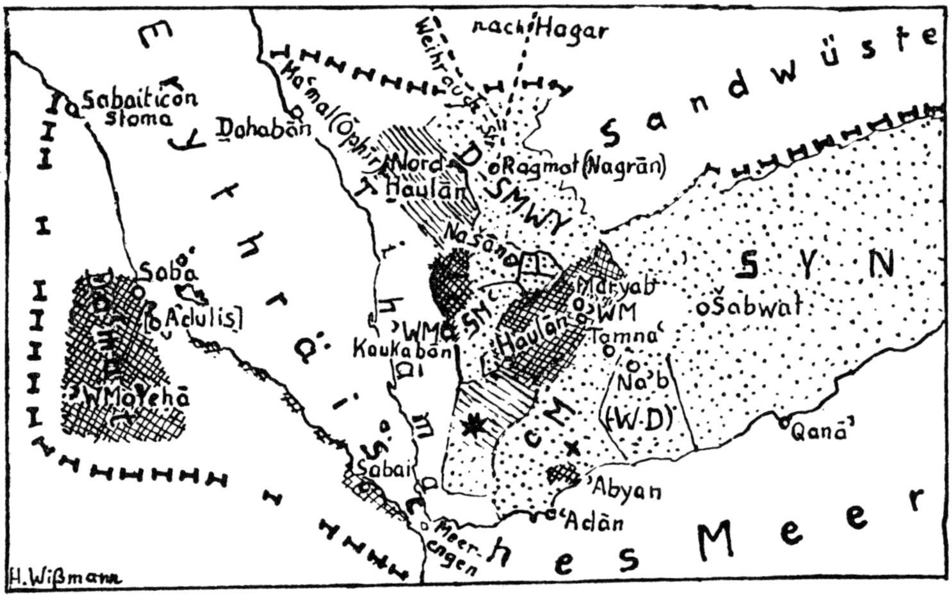

Abb. 14

Verehrung der sabäischen Göttertrias: Gau Saba' um Maryab, Gau Ḫaulān, 'Amrān, Šibām-Kaukabān, zeitw. 'Abyan, Nord-Abessinien mit Yeḥā. vermutlich ebenfalls. Verehrung anderer Gottheiten in den Vasallenstaaten des Sabäerreichs : Ḥaḍramaut : SYN, Qatabān : 'M,'NBY, Nagrān u. 'Amīr : ḌSMWY, Samā'ī (eingedrungen) : SM', dann T'LB. später : Ma'īn, 'Ausān : WD. Dazu Götter von Našān, Kamināhū, Haram, Ġaymān und anderen Stadtstaaten. Man beachte die 'Almaqah-Tempel 'WM bei Maryab, in Kaukabān und in Yeḥā (Abessinien). ★ Bergnamen Ḥ.myam, Ba'dān. x Spinnerei « Yiṯa''amar ».

[4] Wenn man die Misch- und Übergangszeiten nicht hinzurechnet. H. Wißmann, *Sabäerreich*, Kap. VI, 3 u. 6, Geschichtstafeln I und II.

Der Zweite und Letzte, dem in JE 2825 die Anrufung gilt, LMN, war mit Gewißheit entweder der oberste Herr im Hochland von Abessinien oder, wenn die Herrschaft dort geteilt war, der oberste Herr im Bereich des Setzers der Inschrift. Obwohl alle Texte der Gruppe JE 4, 1370 und 1384 und DAE 1[4a] meiner paläographischen Stufe II zuzurechnen sind (für das antikisierende Ḏ in DAE 1 vergleiche man CIH 967 und RES 4700, Abb. 14 u. 15, Kap. VI,2 in H. Wißmann, *Sabäerreich*), kann der LMN von JE 2825 nicht mit dem LMN von JE 1384 identisch sein, da dieser und dessen Vater RBḤ von JE 4 sich beide *mlkn ṣr'n* und Mukarribe von Dʿ MT und Saba' nennen. Doch ist es wohl möglich, daß der LMN von JE 2825 Ahn des LMN von JE 1384 war. Es ist zu erkennen, daß zwischen der Zeit von JE 2825 und der Zeit von JE 4 die Herrschaft der Mukarribe von Saba' im Hochland von Abessinien endete, und daß die Sippe YGʿḎN dort allein zu herrschen begann und sich « Mukarrib von DʿMT und Saba' » zu nennen anfing, vermutlich ein Affront gegenüber dem Herrscher von Saba' in Maryab.

R. Schneider (AE 4, 1961, S. 62) und A. Drewes (*Inscr. de l'Éthiopie antique*, Leiden 1962, S. 97 f.) zeigten, daß die Inschriften der Gruppe JE 4, 1370 und 1384 sprachlich in manchem schon beträchtlich vom rein Sabäischen abweichen. Von den Inschriften, in denen nicht nur die Schrift, sondern auch die Sprache mit derjenigen der Zeit der Mukarribe von Saba' in Südarabien identisch ist, und die sie als Gruppe I bezeichnen, heben sie diese und andere Texte als Gruppe II ab [5].

Man hat von je her Yeḥā und seine Tempelruine als den zentralen Ort des sabäischen Abessinien bezeichnet. Die schönen Reliefinschriften aus Yeḥā DAE 27-29 (CIH 459), die in AE 8, 1970, S. 60 ff., Pl. XVII von A. J. Drewes und R. Schneider neu behandelt werden, und deren Parallelinschriften der Pl. XVIII dieser Arbeit gehören jedoch in die Gruppe 2. Der Tempel selbst ist vermutlich wesentlich älter. Leider wurden bei den Grabungen keine Radiokarbonmessungen vorgenommen [6].

Manchen Orten im Hochland von Tigré wurden Namen südarabischer Orte ge-

---

4a JE 671 ohne Abbildung.

5 Die Inschriftengruppe der Männer, die sich *ḏmryb*, ḏū-Maryab nennen, JE 100, 112, 110 und 13, wird hier beiseite gelassen. Alle Verfasser gehören zu den GRBYN, die sonst nicht aus Maryab, sondern bisher nur aus Nagrān und Qatabān bekannt sind (vgl. Wißmann, *Zur Geschichte und Landeskunde von Alt-Südarabien*, Österr. Ak. Wiss., phil.-hist. Kl., Sitzungsber., Bd. 246, 1964). JE 100 und 112 aus Melazo gehören zu meiner Stufe II (Gruppe I), JE 110 aus Gobochéla zur Zwischenstufe I zu II, JE 13 aber schon in den Beginn der Stufe III. Trotzdem hat sich in JE 13 die sabäische Sprache erhalten; es heißt z.B. ʿAṯtar, nicht ʿAstar. (A. J. Drewes, *Les inscriptions de Melazo*, AE 3, 1959, S. 83-94; A. J. Drewes, R. Schneider, *Documents épigraphiques de l'Éthiopie*, AE 8, 1970, S. 57-62, Pl. XVI). Ist hier Maryab ein ursprünglich aus Arabien übernommener, aber einen Stamm in Abessinien bezeichnender Name, oder stammen diese Männer aus der Sabäerhauptstadt in Südarabien ? Ersteres ist wahrscheinlicher. Aber dann ist merkwürdig, daß sich das Sabäische bei JE 13 erhielt.

6 F. Anfray, *Fouilles de Yeḥā*, AE 9, 1972, S. 45-64; R. Fattovich, *Sondacci Stratigrafici, Yeḥā*, 1971, ebd. S. 65-86.

geben [7]. Der Tempel von Yeḥā (D. H. Müller, *Epigr. Denkm.*, Denkschr. Ak. Wien 1893, Yeḥā 5) hatte anscheinend denselben Namen wie der große Staatstempel bei Maryab in Saba', der von Yada''īl Ḏarīḥ, Mukarrib von Saba', um rd. 665 v.Chr. gebaut worden war, den Namen 'WM. Ebenso hieß der Gipfeltempel von Kaukabān am Westrand des südarabischen Hochlands [8]. Bei Maryab, in Kaukabān und in Yeḥā waren es Tempel des sabäischen Staatsgottes 'Almaqah. Außer vereinzelten, in Südarabien unbekannten Sondergottheiten (z.B. NRW in DAE 27, Text 2; AE 8, 1970, S. 61) erscheinen in diesen Perioden in Abessinien nur die sabäischen Reichsgottheiten, 'Aṯtar ('Astar), HWBS (HBS), 'Almaqah, Ḏāt-Ḥimyam und Ḏāt-Ba'dān. Es erscheint wohl keiner der Gottheiten der Vasallenländer des Sabäerreichs in Südarabien (vgl. die Karte). In DAE 32 (RES 3616) las E. Littmann (1) *ḫrdn* (2) *lsn* und übersetzte « Schlachtopferaltar (?) für Sīn ». Diese Lesung ist aber wahrscheinlich nicht richtig; die zweite Zeile mag *lbn* (Weihrauch ?) heißen. In Ḥaḍramaut wird der Gott nur SYN geschrieben [9].
Die drei nach Saba' genannten Hafenstädte Abessiniens bei Strabo (XVI, IV,770 u. 771, nach Artemidor und Agatharchides, somit Nachrichten aus dem 3. Jh. v.Chr.) und noch nach Ptolemäus (IV,7) seien hier von N nach S aufgereiht: *Σαβαϊτικὸν στόμα*; *Σάβα* (*Σαβάτ*) nördlich von Adulis und *Σάβαι* westlich der Meerengen, später *'Αρσινόη*. Man vergleiche die Karte Abb. 14 [10].
Die Paläographie des Krug-Monogrammes der amerikanischen Ausgrabungen von Hagar bin Ḥumayd, welches nach Radiokarbon-Messungen in die Zeit vor dem 9. oder 8. Jh. v.Chr. zu stellen ist, und u. a. meine Entdeckung, daß der « Große Stammbaum » eine Einheit über 12 Generationen bildet, (vgl. hier S. 18 f., 38 f., 51-53), ermöglichten es mir, eine Herrscherreihe der Mukarribe von Saba' aufzustellen und den Yiṯa''amar Bayyin bin Sumuhu'alī I. mit dem Yiṯa''amar zu identifizieren, der Sargon II. von Assur 715 v.Chr. Tribut gab, sowie den Karib'īl Watar bin Ḏamar'alī mit dem Karib'īl, der um 685 v.Chr. dem Sanherib von Assur Geschenke bringen ließ. Hierdurch wird voll ersichtlich, daß die Einordnung der Mukarribe von Saba' in die Zeit von 450 bis 350 v.Chr. von J. Pirenne (*Pal I*) eine zu späte und viel zu kurze ist. Doch konnte ich zeigen, daß im Sinn von J. Pirenne (*ebd.*) und gegen meine bisherige Einordnung Karib'īl Watar ein einziger Herrscher war, und nicht der letzte Mukarrib von Saba'. Soweit die Herrscher in die paläographische Stufe II (s. oben) fallen, werden sie hier aufgezählt, um eine Parallelisierung mit den Zeiten der frühen sabäischen Inschriften in Abessinien dieser Stufe erstmalig zu versuchen. Man vergleiche H. Wißmann,

[7] C. Conti Rossini, *Storia d'Etiopia I*, Mailand 1928, S. 103 f.

[8] C. Rathjens, M. Höfner, *Sabaeica III*, Mitt. Mus. Völkerkunde, Hamburg 1966, Inschr. 42, Z. 16.

[9] Vgl. M. Höfner, *Südarabien*, S. 534 in: Wörterb. d. Mythologie I, 1961-1965. Der Gott hieß wohl « Sayin » (vgl. « Sabin » in Plinius, Nat. Hist. 12,63).

[10] Vgl. H. Kortenbeutel, *Der ägyptische Süd- und Osthandel in der Politik der Ptolemäer und römischen Kaiser*. Diss., Berlin 1931. W. W. Tarn in: Journ. Égypt. Archaeol. 15, 1929, S. 9-25.

Sabäerreich, Kap. III,2 (Krug), VI,1-2 (Stammbaum), VI,3-6 (Geschichtstafeln), sowie hier Abb. 12, S. 38 (Stammbaum).

MS = Mukarrib von Sabaʾ. Gen. = Generation der Sippe des Großen Stammbaums. (...) geschätzte Jahreszahl v.Chr.

(695, 685) Karibʾīl Watar bin Ḏamarʿalī, MS, II. Gen., Tatenbericht RES 3945/46.

(675) Sumuhuʿalī.

(665) Yadaʿʾīl Ḏarīḥ bin Sumuhuʿalī, MS, Großer Tempelbauer, so die ʾAlmaqah-Tempel ʾWM b. Maryab u. v. Ṣirwāḥ [10a]

(645) Sumuhuʿalī Yanūf bin Yadaʿʾīl Ḏarīḥ, MS, IV. Gen.

(625) Ḏamarʿalī (Ḏarīḥ bin Yadaʿʾīl), MS, V. Gen.

(605) Yiṯaʿʾamar (Watar), MS, VI. Gen.

(590) Yadaʿʾīl Bayyin bin Yiṯaʿʾamar

Abessinien sabäische Kolonie; Bau des ʾAlmaqah-Tempels ʾWM von Yeḥā?

(580) Karibʾīl Bayyin bin Yiṯaʿʾamar, MS, VII. Gen.

(560) Ḏamarʿalī Watar bin Karibʾīl, MS

(545) Sumuhuʿalī Yanūf bin Ḏamarʿalī, MS, VIII. IX. Gen.

JE 2825; Abessinien unter dem sabäischen Mukarrib Sumuhuʿalī.

(525) Yiṯaʿʾamar Bayyin bin Sumuhuʿalī II Yanūf. MS, IX. Gen., Rechensch.-Bericht RES 3943

Herrscher mit unbekanntem Titel; die Macht mag in Händen hoher Beamter gelegen haben (515-420)

(495) Karibʾīl, IX., X. Gen.

(475) Yadaʿʾīl, XI. Gen.

(470) Dieser und Yiṯaʿʾamar, XI., XII. Gen. Erste Anzeichen der paläogr. St. III. Mischstufe II zu III

Texte d. Gruppe 2 in Abessinien. Dieses steht nicht mehr unter Sabaʾ, sondern unter eigenen « Mukarriben von DʿMT und Sabaʾ »

(450) Karibʾīl, XII., XIII. Gen. Ende des Stammbaums. Auch RES 4226, 3087, 4519

(430) Sumuhuʿalī (bin Karibʾīl). Besonders RES 4226 (A. Jamme, *Les antiquités S.-Ar. du Musée Boreily*, Cahiers de Byrsa VIII, 1958/59, Pl. VIII). RES 3087, 4519

(425) Yadaʿʾīl, RES 4519; Ja 831, Ja 832

(420) Yiṯaʿʾamar, Gl 1131+1132+1133, CIH 418, Ja 832

(415) Yadaʿʾīl Bayyin, Gl 1131+1132+1133; CIH 418, RES 4089, Ja 552, CIH 502, RES 3858, Ja 557. Vom Gegner als « König von Sabaʾ » bezeichnet. Beginn des Krieges gegen Qatabān, der dann die Niederlage von Sabaʾ bringt (RES 3858)

(410) Sumuhuʿalī Yanūf. Dieselben Inschriften außer Gl 1131+1132+1133. RES 4089 zufolge ist Nagrān noch Vasall. Dann die Niederlagen Sabaʾs gegenüber Qatabān und Maʿīn. Die paläogr. Stufe III setzt sich durch.

[10a] III. Gen. „Yakrubmalik", wohl postumer Name von Yadaʿʾīl Ḏarīḥ.

Es wird gegenüber diesem Versuch einer zeitlichen Einfügung der frühen abessinischen Texte in sabäischer Sprache und Schrift in die Herrscherreihe von Saba' eingewandt werden, daß der Rechenschaftsbericht des Karib'īl Watar bin Ḏamar'alī (RES 3945, 3946) keine Nachrichten von Kriegen, Eingriffen oder Stadtbefestigungen bringt, die auf Abessinien deuten. Es ist unwahrscheinlich, daß derlei in den Lücken von RES 3945, Z. 7-9 stand. Allerdings konnten weder A. Grohmann [11] noch ich [12] die Länder und Orte identifizieren, die in RES 3945 von Z. 17 auf 18 genannt werden: YDHN, GZBT, 'RBM, SBL, HRM, FNNN. Im Folgenden werden wir auf diese Frage zurückkommen. Von dem Rechenschaftsbericht des Yiṯa''amar Bayyin bin Sumuhu'alī II Yanūf, RES 3943, kennen wir nur die zweite Hälfte.

Sumuhu'alī Yanūf bin Ḏamar'alī, bei dem hier JE 2825 eingeordnet wurde, ist der erste Erbauer der in den festen Fels eingemeißelten Südschleuse des Dammes von Maryab. Erst durch diese Arbeit wurde der Bau des eigentlichen Dammes, der das Wasser des Wādī 'Aḏanat für die Oase von Maryab aufstaute, möglich; man muß annehmen, daß Sumuhu'alī Yanūf bin Ḏamar'alī der Errichter des Dammes war. Sein Sohn und Nachfolger baute die Südschleuse aus. Die Buchstaben von JE 2825 sind denen des Rechenschaftsberichts dieses Sohnes, RES 3943, ähnlich [13].

Für das Verstehen der damaligen kulturellen und Machtverhältnisse ist folgende geographische Zusammenschau wichtig, die in der Karte, Abb. 14, dargestellt wird. Im sabäischen Kernland, « Saba' » mit Maryab « und Ḫaulān » (und damals wahrscheinlich ähnlich in anderen Gebieten des Hochlandes von Südarabien) galt die Formel: Reichsgötter, insbesondere der Staatsgott 'Almaqah, Mukarrib (Opferherrscher) und Volk (vor allem die großen Sippen). Diese zusammen bildeten den Staat. Für das Hochland von Nord-Abessinien (Tigré) müssen wir für die Zeit von JE 2825 dasselbe annehmen. Dort und in den genannten Gebieten Südarabiens, unterstand dem Mukarrib ein provinzialer Obmann, der den Mukarrib gegenüber den Sippen und dem Volk, in Abessinien wohl vor allem gegenüber den Siedlern vertrat. Anders war es in den Vasallenländern, die in Südarabien wenigstens zwei Drittel des Raumes des Reichs einnahmen, in Abessinien aber nicht bekannt sind und wohl nicht ins Gewicht fielen. Diese Vasallenländer hatten zwar zum Teil mit Saba' den obersten Gott, 'Aṯtar, gemein, wenn sie diesen auch in anderer Gestalt verehrten. Die anderen Gottheiten, besonders der Staatsgott, waren aber von denen in Saba' auch dem Namen nach verschieden. (Auch in Vasallenländern gab es die Dreiheit, die aus eigenen Göttern, König und Volk bestand.) Unter Karib'īl Watar bin Ḏamar'alī (RES 3945 um 685 v.Chr.) wird

---

11 Ak. Wiss. Wien, phil.-hist. Kl., Sitzungsber., Bd. 266,2, 1927, S. 31, 140.

12 Siehe H. Wißmann, M. Höfner, insb. S. 75-77.

13 Vgl. J. Pirenne, *Pal. I*, Pl. XVc nach Abklatsch von E. Glaser 448/49.

für den aufständischen Vasall 'Ausān die Göttin SMHT genannt, für Qatabān die Götter 'Amm und 'Anbay, für Ḥaḍramaut die Götter Sīn (Sayin) und Ḥaul. Der Haupt-Stadtgott von Haram hieß in jener Zeit MTBNṬYN (viele Inschriften). Ob in den aufständischen Ländern 'Amīr und Muha'mir (Nagrān) schon damals D̲ū-Samāwī, « der des Himmels », verehrt wurde wie seit rd. 410 v.Chr., ist unbekannt; doch ist es wahrscheinlich. In der besiegten aufständischen Vasallenstadt Našān wird « mitten in der Stadt » der Tempel des (nicht genannten) Stadtgottes durch einen Tempel des 'Almaqah, des Staatsgottes von Saba', ersetzt. Našq als sabäische Vogteistadt erhält einen Tempel des 'Almaqah. Als Yiṯa''amar Bayyin bin Sumuhu'alī Yanūf (RES 3943) das aufständische 'Amīr unterworfen hatte, schmückte er einen Tempel der sabäischen Sonnengöttin, den er wohl in dessen zentralem Ort Ḥanān hatte errichten lassen, mit einem « erzenen Meer ». In den Vasallenkönigreichen flackerten immer wieder Aufstände auf. Ein Teil der Vasallen aber hielt zum sabäischen Herrscher, wie das große wichtige Weihrauchland Ḥaḍramaut [14] zu Karib'īl Watar bin D̲amar'alī; dennoch saß wenig später ein wohl vom Sabäerherrscher eingesetzter Kabīr in Ḥaḍramaut, wohl neben dem König (RES 2743). Alle Kriege des Karib'īl Watar und Yiṯa''amar Bayyin, die wir kennen, wurden gegen aufständische Vasallen des Sabäerreichs geführt. Von diesen Vasallenländern des Sabäerreichs in Südarabien unterschied sich das abessinische Hochland um Yeḥā wesentlich. Es verehrte die Reichs- und Staatsgötter Saba's und unterstand somit unmittelbar so wie das Kernland um Maryab und Ḫaulān dem Mukarrib von Saba'. Es war als Siedlungskolonie enger an den Mukarrib und dessen Kernland gebunden als einer der Vasallen (ausgenommen Haram). So mag es als eine Selbstverständlichkeit betrachtet worden sein, daß die Kolonie, die vom Kernland aus besiedelt worden war, nicht revoltierte. Um so schwerer tragbar muß es dann für das Sabäerreich gewesen sein, als sich der Obmann der Kolonie selbständig machte, unter dem Titel eines *mlkn ṣr'n* und eines « Mukarrib von Da'mat und Saba' ».

Der 72. Psalm, Vers 10, wird sinnvoll : « Die Könige aus Šebā (Saba') und Sebā (Abessinien) werden Gaben zuführen ». Auch in Jesaia 43, 3 und 45, 14 (Deuterojesaia) bedeutet Sebā Abessinien, ebenso, jedoch für die ältere Zeit, in Genesis 10, 7 [15].

---

14 Ḥaḍramaut beherrschte ein großes Gebiet, es war aber in seinem Weihrauchhandel auf die Straße zum Mittelmeer angewiesen, die unter sabäischer Aufsicht stand. Dies band es an Saba'.

15 Vgl. H. Wißmann, *Frühe Gesch.*, (zit. S. 1, Anm. *), S. 87f.

ANHANG ZU «DIE MAUER DER SABÄERHAUPTSTADT MARYAB, VOR ALLEM ZU S. 38 F.

Nach den neuen Photos von Ch. Robin (s. oben) zeigen die Abbildungen 12a und 12b wichtige Teile des Großen Stammbaums. Der nicht gezeigte obere Teil bringt in Abb. 12 nicht viele Fehler. Abb. 12a gibt den unteren Teil des Nebenzweiges wieder.

Abb. 12b bringt die XII. und XIII. Generation des Hauptzweiges. — Die arabischen Ziffern am Rand geben die Zeilen an, die römischen Ziffern die Generationen.

Änderungen zum Hauptstamm und -zweig : Z. 3, Gen. III : *mwd* des Yakrubmalik ḏū-Ḫalīl. Z. 8, Gen. VIII : *mwd* des Sumuhuʿalī, ...*wn* ḏū-Ḫalīl. Z. 9, Gen. IX : *mwd* des Sumuhuʿalī ḏū-Ḫalīl. Z. 12/13, Gen. XII : MʿDKRB bin [ʿM]KRB ḏū-Šaqrān, *mwd* von Yadaʿʾīl u. Yiṯaʿʾamar ḏū-Ḫalīl. [Z. 14/15, Gen. XI des Nebenzweiges : ʾBKRB bin ʾ[L]KRB ḏū-Ša[q]rā(n), *mwd* von Yadaʿʾīl u. Yiṯʿʾamar ḏū-Ḫalīl.] [1] Z. 16-18, Gen. XIII : WDDʾL bin MʿDKRB ḏū-Šaqrān, *mwd* des Yadaʿʾīl u. Yiṯaʿʾamar u. Karibʾīl ḏū-Ḫalīl. (Z. 12-18 ist Gl 1706c und d und 1709 welche fälschlich an das Ende des Nebenzweiges gestellt worden waren.)

Änderungen zum Nebenzweig : Seine Abzweigung vom Hauptstamm und die Zeilen 6 bis 12 waren richtig (wenn ein Schreibfehler des Steinmetzen in Z. 10, *ḏmwd* statt *mwd*, nicht mitgerechnet wird). Z. 13; Gen. IX : *m[wd]* des Yiṯaʿʾamar. Z. 14-16, Gen. IX-X : HYṮʿʾL bin ʿMKRB ḏū-Ḫalīl, *mwd* des Karibʾīl. Z. 17-18, Gen. XI : ʿMKRB bin ʾLKRB ḏū-Šaqrān, *mwd* von Yadaʿʾīl u. Yiṯaʿʾamar, ḏū-Ḫalīl. Z. 19-20, Gen. XII : SMHKRB bin ʿMKRB ḏū-Šaqrān, *mwd* von Yadaʿʾīl u. Yiṯʿʾamar u. Karibʾīl, ḏū-Ḫalīl.

Im Nebenzweig gehören zu den Zeilen 16-23 die Abklatsche Gl 1704a, b und 1710a, b, im Hauptzweig zu den Zeilen (12 und) 13 bis 18 die Abklatsche Gl 1706c, d und 1709. Letztere wurden bisher versehentlich zum Nebenzweig gestellt.

Die von den *mwd* genannten Herrscher heißen :

(a) Im Hauptstamm : I. Gen. Yadaʿʾīl; II. Gen. Karibʾīl; III. Gen. Yakrubmalik; IV. Gen. Sumuhuʿalī; V. Gen. Ḏamarʿalī; VI. Gen. Yiṯaʿʾamar.

(b) in den gespaltenen Zweigen : (H) = Hauptzweig, (N) = Nebenzweig : VIII. Gen. (H u. N) Sumuhuʿalī; IX. Gen. (H) Sumuhuʿalī, (N) (1) Yiṯaʿʾamar, (2) Karibʾīl; X. Gen. (H) ......, (N) Karibʾīl; XI. Gen. (H) ......, (N) Yadaʿʾīl; XII. Gen. (H, 1) u. (N, 1) Yadaʿʾīl u. Yiṯaʿʾamar, [(H2) Yadaʿʾīl u. Yiṯaʿʾamar] [1], (N2) Yadaʿʾīl u. Yiṯaʿʾamar u. Karibʾīl; XIII. Gen. (H) Yadaʿʾīl u. Yiṯaʿʾamar u. Karibʾīl.

---

1 Z. 14/15 des Hauptstammes gehört wohl zur XI. Gen. des Nebenzweiges als Bruder.

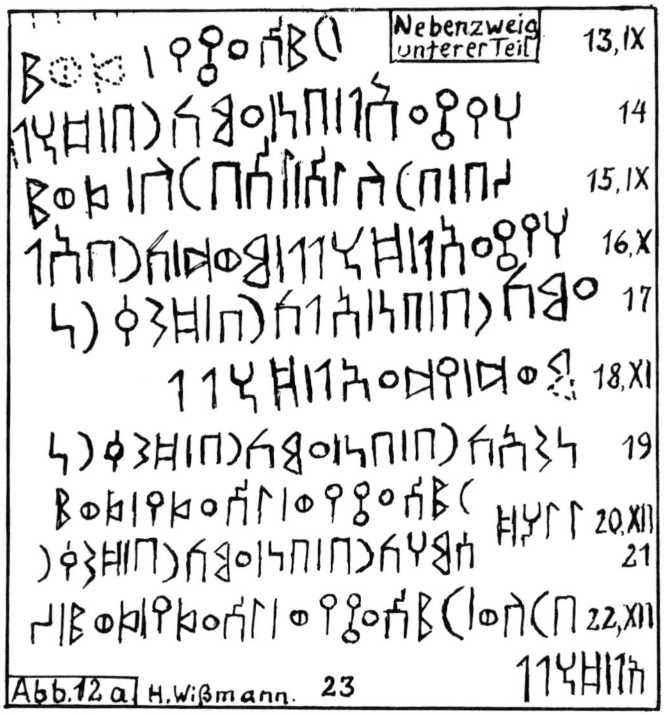

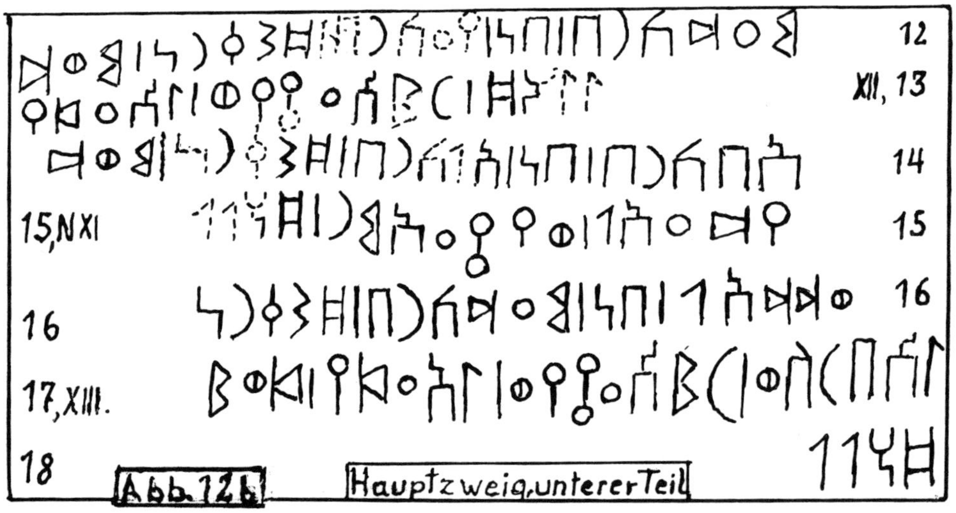

Vergleich mit den Abklatschen (z.T. Abb. 12, S. 38) :

Abb. 12a. Z.(12+)13 : Gl 1711. Z. 14-16 : Gl 1706,a+b = Gl 1704,0+a. Z. 17+18 : Gl 1704,b. Z. 19-23 : Gl 1710,a,b.

Abb. 12b. Z. 12 (Gl 1703,12)+13 : Gl 1706,c. Z. 14+15 : Gl 1706,d. Z. 16-18 : Gl 1709. Korrektur Z. 12 : [ʿM]KRB statt [Yʿ]KR(B). Gl 1704+1710 wird in Wißmann. *Sab. u. Aelios Gallus,* VI, 1, als « Kleiner Stammbaum » behandelt. Er ist der untere Teil des Nebenzweiges.

Aus der Herrscherreihe (s. S. 19-21) werden im Stammbaum genannt:
I. Gen. Yadaʿʾīl Yanūf um (720) v.Chr. oder früher.
II. Gen. Karibʾīl Watar bin Ḏamarʿalī um (695) v.Chr.
III. Gen. Yakrubmalik, wohl wahrscheinlich postumer Name für Yadaʿʾīl Ḏarīḥ um (665) v.Chr., oder möglicherweise dessen ältester Sohn um (655) v.Chr.
IV. Gen. Sumuhuʿalī bin Yadaʿʾīl Ḏarīḥ um (645) v.Chr.
V. Gen. Ḏamarʿalī (Ḏariḥ bin Yadaʿʾīl) um (625) v.Chr.
VI. Gen. Yiṯaʿʾamar (Watar) um (605) v.Chr.
VII. Gen. Karibʾīl Bayyin bin Yiṯaʿʾamar um (580) v.Chr.
VIII. u. IX. Gen. Sumuhuʿalī Yanūf bin Ḏamarʿalī um (555-545) v.Chr.
IX. Gen. Yiṯaʿʾamar Bayyin bin Sumuhuʿalī Yanūf um (525) v.Chr.
IX. u. X. Gen. Karibʾīl um (505-495) v.Chr.
XI. u. XII. Gen. Yadaʿʾīl (480-470) v.Chr.
XII. Gen Yiṯaʿʾamar (475-460) v.Chr.
XII. u. XIII. Gen. Karibʾīl (450) v.Chr.
Von der I. bis III. Gen. und von der VI. bis VIII. Gen. stehen dazwischen, wie wir wissen, andere Herrscher. Auch sonst mögen zwischen der III. und VI. und zwischen der VIII. und XI. Gen. uns unbekannte Herrscher regiert haben. Der Stammbaum nennt ja nicht deren Reihenfolge sondern erwähnt — außer in der XII. und XIII. Gen. — jeweils für jedes Glied je einen Herrscher, dem es diente.

Auch die Felsfläche des « Großen Komplexes » wurde 1975 erst von A. Jamme, dann von Ch. Robin nahe der Felswand des « Großen Stammbaumes » aufgefunden. Auch hier waren meine Lesungen der Abklatsche (Wißmann, *Über den Inschriftenkomplex einer Felswand bei einem ʿAṯtar-Tempel im Umkreis von Marīb*, Österr. Akad. Wiss. phil.-hist. Kl. Sitzungsber. Bd. 298, 1, 1975) zum Teil fehlerhaft gewesen, zum Teil waren sie falsch zusammengesetzt worden. Aber auch hier stützten die Lesungen von den Photos, die mir Ch. Robin freundlicherweise sandte und zur Verfügung stellte, meine Herrscherreihe (s. S. 19 f.), und zwar für die Zeitspanne zwischen Karibʾīl, dem Vater des Yadaʿʾīl Yanūf, den ich auf (775) v. Chr. ansetzte, und Sumuhuʿalī, den Vater von Yadaʿʾīl Ḏarīḥ [um (675) v.Chr.]. Aus der Fläche des Komplexes, die viel größer ist als die durch E. Glasers Abklatsche bekannt gewordene, erhalten wir folgende Reihe, die sich allein auf diesen Komplex stützt (wobei der viel jüngere eingeschobene herrscherlose Stammbaum Gl 1679 + 1773 + 1687 fortgelassen wird).
— Paläographische Stufe I, H-Buchstaben insgesamt gegabelt —
Gl 1686. « *mwd*, des Karibʾīl », des frühesten uns bekannten Mukarribs (s. unten).
— Überganstufe I zu II, mehr gegabelte als gerundete H-Buchstaben —
Gl 1774b. Nur Anfang und Ende sind lesbar. Ende : « und Sumuhuʿalī ».
Ch. Robin Nr 37 oben links. «*mwd* des Sumuhuʿalī ».
Gl 1780. Ende. « und unter der Regierung des Sumuhuʿalī Ḏarīḥ » (bisherige Übersetzung fehlerhaft).

— Übergangsstufe I zu II, mehr gerundete als gegabelte H-Buchstaben —
Gl 1689a. Ende. « unter der Regierung des Yiṯa''amar » (nichts weiter).
(Gl 1763 +) 1681a. « *mwd* des Sumuhu'alī u. Yiṯa''amar u. Ḏamar'alī » (oben rechts).
Gl 1692. « *mwd* des Karib'īl ».
— Paläographische Stufe II, H-Buchstaben nur gerundet —
Gl 1691, Text des Vaters : « *mwd* des Sumuhu'alī u. Yiṯa''amar u. Ḏamar'alī », Text des Sohnes : « *mwd* des Yiṯa''amar u. Ḏamar'alī u. Karib'īl ».
Gl 1775b. « *mwd* des Karib'īl ».
Gl 1682. « *mwd* des Sumuhu'alī ».

Die Texte von Gl 1774b bis Gl 1682 zeigen, daß mit Sumuhu'alī Ḏarīḥ, Yiṯa''amar (Bayyin bin Sumuhu'alī), Ḏamar'alī (Vater des folgenden), Karib'īl (Watar) und Sumuhu'alī (Vater des Yada''īl Ḏarīḥ) eine geschlossene Reihenfolge von Herrschern vorliegt.

Daß Gl 1686 den frühesten uns bekannten Mukarrib nennt, Karib'īl, den Vater des Yada''īl Yanūf (s. S. 19), läßt sich mit Sicherheit erst aus den Photos erschließen, da vorher nur das Ende der Inschrift bekannt war.

Beide Funde, der des « Großen Komplexes » und der des « Großen Stammbaums » durch A. Jamme und Ch. Robin 1975, tragen wesentlich bei zur Festigung der Reihe der frühen Herrscher und der frühen Chronologie des Sabäerreichs, der « Große Komplex » für die Aufeinanderfolge der ältesten bekannten Mukarribe, der « Große Stammbaum » für eine Zeitspanne von 12 (beziehungsweise 13) Generationen.

Die Sendungen von Ch. Robin an mich kamen so spät (März 1976), daß es für mich selbst, für den Herausgeber, Herrn Kollegen van Donzel, und für den Verlag und die Druckerei nur mit Mühe gelang, das vorliegende Buch auf den jetzigen Wissensstand zu bringen. Daß der Herausgeber dies ermöglichte, dafür sei ihm herzlich gedankt.

Drukkerij Orientaliste, p.v.b.a., Leuven (België)